출세하는 사람은
인사 평가를 신경 쓰지 않는다

SHUSSE SURUHITO WA JINJI HYOKA WO KINISHINAI
Copyright ⓒ Selection and Variation, 2014
All rights reserved.
First published in Japan by Nikkei Publishing Inc., Tokyo
Korean translation rights arranged with Nikkei Publishing Inc., Tokyo
through Japan UNI Agency, Inc., Tokyo and Korea Copyright Center, Inc., Seoul

이 책은 ㈜한국저작권센터(KCC)를 통한
저작권자와의 독점 계약으로 나라원에서 출간합니다.
저작권법에 의해 한국 내에서 보호를 받는 저작물이므로
무단 전재 및 복제를 금합니다.

출세하는 사람은
인사 평가를 신경 쓰지 않는다

2015년 4월 15일 1쇄 인쇄 | 2015년 4월 22일 1쇄 발행

지은이 히라야스 요시히로 | **옮긴이** 김정환 | **기획** 은영미 | **편집** 임경단
디자인 이예숙 | **일러스트** 이지훈 | **펴낸이** 이종근 | **마케팅** 황호진 | **관리** 김규환 안수정
펴낸곳 나라원 | **출판신고** 1988. 4. 25(제300-1988-64호)
주소 서울 종로구 종로53길 27(우. 110-840)
전화 02-744-8411 | **팩스** 02-745-4399
홈페이지 www.narawon.co.kr | **이메일** narawon@narawon.co.kr

ISBN 978-89-7034-237-5(13320)

- 잘못 만들어진 책은 구입 서점에서 교환해드립니다.
- 책값은 뒤표지에 있습니다.

출세하는 사람은 인사 평가를 신경 쓰지 않는다

히라야스 요시히로 지음 | 김정환 옮김

인사 컨설턴트가 알려주는 승진과 출세의 비밀

나라원

∞

인간은 '학습'과 '경험'으로 성장하며
'유대'를 통해 살아간다.

| 프롤로그 |

인사 평가 제도의 비밀, 그 안에서 더 넓은 의미의 '출세'를 이야기하다

회사 내에서의 출세를 기본적으로 승진이라고 봤을 때 그것이 공정한 과정을 거친 결과인 경우가 많지만, '어떻게 이 사람이 승진했지?'라는 생각이 드는 경우도 종종 있다. 지금까지 내가 인사 평가 및 인사 제도 개혁에 관여한 회사에서도 '어째서 이 사람이?'라는 의문이 든 적이 여러 번 있었다. 회사에 손해를 끼칠 만큼 크게 실패한 사람, 좌천됐던 사람, 부하 직원들의 평가가 양극단인 사람, 상사의 평가가 나쁜 사람도 있었다. 그런데 지금은 그 이유를 안다. 그런 의외의 인물일수록 보다 높은 자리에 올라 성공적으로 직무를 수행하기 때문이다.

내 직업은 인사 컨설턴트다. 인사 컨설턴트는 한마디로 회사 내의 사람들에 관한 규칙을 만드는 직업이다. 인사 평가 제도, 급여 테이블, 상여금 지급 기준, 직원에게 기대하는 성장 과정(커리어 패스) 같은 것을 만들고, 경력 단계별로 교육 연수 후보의 조건을 결정하며, 교육 연수 강사로 뛰기도 한다. 퇴직금 시스템을 설계하고, 매년의 평가와 연계하는 일도 한다.

내가 인사 컨설팅을 한 회사의 수는 지금까지 130개가 넘는다. 직원 20명 정도의 소기업부터 1만 명이 넘는 대기업까지 규모가 다양할 뿐 아니라 업종도 다채롭다. 세계를 상대로 사업을 펼치고 있는 제조업도 있었고, 정치 동향의 영향을 크게 받는 건설업도 있었다. 의료 기관이나 개호 시설, 대학도 있었으며 현청과 시청, 정부 외곽 단체도 담당했다. 서비스업도 많았고 의류업, 안경판매업, 슈퍼마켓과 주류 체인 등의 소매업, 요식업, 여기에 금융 기관과 인재 파견 업체도 있었다. 일반적인 회사는 물론, 블랙기업(본래 폭력단 등의 반사회적 단체와 관련 있는 기업을 가리키는 말이었지만, 현재는 젊은 직원을 대량 채용해 낮은 임금으로 가혹한 노동을 강요하는 기업을 의미하는 말로 쓰이고 있다-옮긴이)에 가까운 회사의 인사 제도 개혁을 돕기도 했다.

흔히 컨설턴트는 대상 업계나 기업 규모를 한정함으로써 전문성을 높일 수 있다고 하지만, 전문 분야를 특화함으로써 성장하는 방법도 있다. 그중 인재 매니지먼트 분야를 특화한 나는 조직 규모나 업종에 영향받지 않고 일할 기회를 얻었다. 그리고 내가 관여했던 회사의 경영진들과 지금도 교류하고 있는데, 젊은 시절(이라고는 해도 30대 후반에서 40대 정도)의 그들에게는 공통점이 있었다. 바로 자신에 대한 인사 평가를 신경 쓰지 않았다는 것이다.

"올해 평가요? 뭐, 알아서 주겠죠."

"작년 평가 말입니까? 어땠는지 기억이 잘……."

그들은 과장이나 차장 같은 중간 관리직이었을 때부터 이런 식으로 말했다. 물론 허세도 조금은 섞여 있었을 것이다. 나는 그들의 평가 결과를 볼 수 있기 때문에 평소 언행과 실제 평가 결과를 대조해 볼 기회가 있었는데, 개중에는 경영진 후보치고는 의외로 평가가 낮은 사람도 실제 있었다. 그러나 그들은 역시 개의치 않았다.

물론 인사 평가를 신경 쓰지 않은 사람 중에는 승진하지 못하고 결국 회사를 떠난 사람도 있다. 인사 평가라는 시스템은 아무리 정확하고 치밀하게 설계했더라도 마지막에 사람의 감정이 개입될 수밖에 없다. 따라서 평가 주체인 상사가 특정 부하 직원에게 안 좋은 감정을 품고 있다면 그 직원은 높은 평가를 받기가 어렵다. 회사 생활을 계속하기 힘든 경우도 있다.

그렇다면 퇴직한 그들은 '출세'하지 못한 걸까? 그렇지 않다. 물론 대부분의 직장인에게 출세란 같은 회사에서 더 높은 직급으로 올라가는 것이다. 과장에서 부장, 부장에서 집행임원이나 이사, 상무, 전무, 사람에 따라서는 사장 자리까지 올라가는 것이 출세에 대한 일반적 인식이고, 많은 직장인이 이런 출세를 지향한다.

그러나 이제 출세는 회사 내에서 승진하는 것만 가리키는 말이 아니다. 의미가 점점 다양해지고 있다. 퇴직 후 창업으로 성공하는 사람도 있고, 회사를 옮겨 새로운 경력을 손에 넣고 더 높은 직위에 오르는 사람도 있다. 비즈니스 세계를 일단 벗어나 학업의 길을 걷는 사람도 있으며, 지역에서 NPO 활동에 전념하다 다시 비즈니스 세계로 돌아오는 사람도 있다. 이같이 세상에는 다양한 삶의 방식이 있고, 이런 삶 또한 출세한 삶이라 할 수 있을 것이다.

나는 인사 평가를 신경 쓰지 않고 출세한 그들 삶의 방식을 보며 많은 것을 배웠다. 그리고 독립해서 컨설팅회사를 경영하는 지금, 나 자신의 행동을 돌아볼 때나 클라이언트 중 성장이 더딘 관리직에게 조언을 할 때 유용하게 활용하고 있다.

한 번 더 강조하건대 출세하는 사람들은 회사의 인사 평가를 신경 쓰지 않는다. 그리고 업무 진행 방식, 사람들을 대하는 방법, 사생활 등에서 공통된 행동을 보인다. 이런 공통점을 누구나 이해할 수 있도록 정리해보자는 생각에서 쓴 것이 바로 이 책이다.

물론 "내가 본 사람들은 이랬다."라는 막연한 이야기는 하고 싶지 않았기 때문에 회사 내부 사람에 관한 규칙과 운용 실태를 예로 들면서 이야기를 진행했다. 이것이 이 책의 첫 번째 포인트다. 그리고 그 배경에 있는 회사 조직의 바람직한 형태를 인적자본과 사회관계자본, 네트워크론 등의 경영학·경제학 이론에 입각해 정리했다. 이것이 두 번째 포인트다.

인사 평가 제도는 직장인들의 게임 규칙이다. 이 규칙을 숙지하고 활용하면 게임에서 승리할 가능성은 당연히 높아진다. 여기서 말하는 '승리'란 승진을 통한 출세다. 만약 당신이 아직 20대이고 아무런 직함도 없는 상황이라면 인사 평가 제도를 먼저 이해할 것을 권한다. 그러면 한 사람 몫을 충분히 해내는 어엿한 직장인은 어떻게 행동해야 하는지 쉽게 배울 수 있을 것이다. 인사 평가 또한 높게 받아 생활 면에서나 심리적인 면에서나 충족감을 느끼게 될 것이다.

그러나 만약 당신이 직장인의 기본을 이미 습득했고, 어느 정도 직급(예를 들면 과장)에 오른 상태라면 문득 잠시 멈춰 서서 '앞으로 어떻게 해야 성공을 손에 넣을 수 있을까?' 고민할 때가 있을 것이다. 바로 그 타이밍에 이 책을 참고하기 바란다. 성공의 무대를 회사 안으로만 한정하지 않고 있다면 더더욱 도움될 것이다.

인사 평가 제도는 회사 내부의 규칙이지만, 사실 일정 수준 이상의 인재에게는 적용되지 않는 경우가 있다. 그 비밀을 여러분에게 밝히겠다.

부디 이 책을 끝까지 읽어줬으면 한다.

| 한국 독자들에게 |

누구보다 열정적인
한국의 직장인들이여,
당신다운 출세 비법을 터득하라!

이 책을 통해 세계 어느 나라 직장인보다 열정적인 한국 직장인들을 만나게 되어 참으로 기쁘다. 이 책은 일본 직장인들에게 회사라는 조직 안에서 출세하는 방법을 알리기 위해 썼지만, 한국 직장인들에게도 분명 도움되리라 확신한다. 이유는 3가지다.

첫째, 한국과 일본은 경제 위기를 맞이한 시기가 비슷하다. 그래서 인사 평가 제도도 필연적으로 비슷한 변화를 거쳤다.

예전 한국의 회사들은 가족주의적 경영을 바탕으로 나이와 연공서열을 중시한 것으로 알고 있다. 그러다 IMF 위기가 발생했고, 이것이 큰 계기가 되어 조직의 시스템이 급격히 변화했다. 일본도 마찬가지다. 1990년 거품경제가 붕괴되면서 인사 제도가 크게 달라졌다. 이후 한국과 일본 회사들은 가족주의적 경영에서 벗어나 능력과 성과 위주로 직원을 대우하는 시스템을 갖추게 됐는데, 이는 이제 세계적 추세가 됐다. 이 책은 바로 이런 시대에 발 맞춰 살아가기 위해 쓴 것이다.

덧붙여 한국의 기업 관리자들은 이 책을 통해 일본 기업들이 장기 불황이라는 어려운 시장 환경 속에서 기업의 사활을 걸고 근본적인 체질 개선을 할 때 인사 제도를 어떤 식으로 변화시켰는지를 보며 타산지석으로 삼거나 더 나은 방향으로 가는 힌트를 얻을 수 있을 것이다.

둘째, 향후 국내 환경 변화에 공통점이 있다. 즉, 저출산 고령화가 매우 빠르게 진행되고 있다는 점이다.

2014년 여름, 한국의 국회입법조사처가 발표한 '한국 저출산 고령화 진행 상황'은 극단적 수치를 나타내며 경종을 울렸다. 젊은 일손은 갈수록 줄고, 고령자는 65세가 넘어도 어쩔 수 없이 일해야 한다. 이런 상황은 한국이나 일본이나 다르지 않다. 그럼에도 회사는 결코 당신을 도와주지 않는다. 당신의 경력은 스스로 만들어나가야만 한다. 이 책에는 그것을 위한 사고 방법과 행동 방법을 담았다.

셋째, 한국 직장인들은 회사가 결코 직원 개인의 어려움을 앞장서서 도와주지 않는다는 사실을 알고 있음에도 회사에서 출세하고 싶다는 욕구가 매우 강한 것으로 안다. 내가 조사한 데이터에 따르면 한국 직장인들은 세계적 평균보다 높은 출세 욕구를 가지고 있다. 실제로 한국에서 활약하고 있는 여러 지인을 통해 이런 말들을 듣기도 했다.

"한국에서는 출세 못 하면 사회에서 낙오된다고 생각해요."

"출세를 위해서는 친한 동료에게조차 중요한 정보를 말해주지 않죠."

혹시 지금 이 말들에 고개를 끄덕이고 있는가?

당신 역시 출세하기를 원하는가?

그렇다면 '출세'란 과연 무엇인가?

이 책에서는 직장인의 출세 방법을 여러 패턴으로 제시한다. 먼저 회사에서 높은 직급에 오르는 것을 일반적인 출세라 보고, 한 발 더 나아가 전문 능력을 가진 프로페셔널이 되는 것까지 출세의 범주에 넣었다. 물론 독립해서 회사를 차리거나 프리랜서로 활약해 성공한다면 그것 역시 출세의 한 방법이다. 그러나 이것들은 모두 '진정한 의미의 출세'로 가는 여정에 지나지 않는다.

나는 진정한 의미의 출세란 2가지를 얻는 일이라고 생각한다.

첫 번째는 금전적 안정이다. 사람마다 원하는 액수가 다르겠지만, 돈에 대해 신경 쓰지 않고 생활할 수 있다면 그건 출세로 얻어지는 중요한 결과다.

두 번째는 시간적 안정이다. 누군가에게 속박되지 않고 생활할 수 있는 것. 특히 밤낮없이 일하더라도 그걸 스스로 선택할 수 있는 상황이 바로 출세의 결과다.

현대를 살아가는 우리가 이 같은 출세의 조건을 충족하려면 어떻게 해야 할까? 대학을 졸업하자마자 창업을 하거나 프리랜서라는 고위험의 선택지를 고를 필요는 없다. 우선은 회사에 소속되어 일하면서 경험을 쌓는 것부터 시작하자. 조직 안에서 출세에 필요한 밑거름을 다질 수 있으니 말이다.

여기까지 동의한다면 이 책을 통해 조직이 원하는 인재는 직급별로 어떤 조건을 갖춰야 하는지, 조직 안에서 원하는 방향으로 승승장구하는 법은 무엇인지 알게 될 것이다. 그리고 그 과정에서 '출세의 참의미'도 깨닫게 되리라 믿는다.

이 책을 손에 든 한국 직장인들이여! 부디 당신의 현실과 꿈을 직시하고, 당신다운 출세 비법을 얻는 데 이 책이 도움되기를 진심으로 바란다.

CONTENTS

| 프롤로그 | 인사 평가 제도의 비밀,
그 안에서 더 넓은 의미의 '출세'를 이야기하다 007

| 한국 독자들에게 | 누구보다 열정적인 한국의 직장인들이여,
당신다운 출세 비법을 터득하라! 012

―――― **Storytelling S#1** 자회사로 좌천됐던 동기가 상사로 온다고? 020

Chapter 1 인사고과와 평판은 승진 가능성과 비례하지 않는다
– '부림당하는 쪽'과 '부리는 쪽' 사이의 벽 023

- 저런 사람이 어떻게 경영진이 됐지? 025
- 과장 직급부터 승진의 기준이 달라진다 028
- 바야흐로 '직능주의'를 지나 '직무주의'의 시대다 033
- '부림당하는 쪽'일 때 평가받는 기술과 '부리는 쪽'에게 필요한 능력은 완전 별개다 039
- 왜 우수 경영진 중에는 이상적인 리더가 적을까? 042

―――― **Storytelling S#2** 인사고과 점수가 동기 중 최고인 내가
승진에서 밀리다니! 046

Chapter 2
인사고과 우수하다고 자만하거나 방심하지 마라
— 인사고과와 승진의 상관관계 053

- 상위 직급으로 올라갈수록 인사고과와 승진의 상관관계가 떨어진다 055
- 승진 여부를 판단하는 전형적 실무 과정부터 파악하라 058
- 승진 여부 판단 기준을 속속들이 점검하라 063
- 승진 면접에서 면접관은 무엇을 검토할까? 071

——— **Storytelling S#3** 부하 직원들에게 나는 어떤 상사지? 078

Chapter 3
직장에서 출세하는 사람은 시점과 전략이 남다르다
— 경영진이 되는 방법 085

- 관리직에 머무는 사람과 경영진이 되는 사람은 무엇이 다른가? 087
- '관리직=매니저, 경영진=리더'라는 공식은 과연 타당할까? 093
- 때로는 행실 바른 사람 대신 문제아가 경영진이 되기도 한다 099
- 출세를 위한 노력은 다이어트와 비슷하다 102
- 유대가 만들어내는 가치의 본질을 이해하고 행동하라 105
- 스스로에게 질문하는 습관을 가져라 112
- 일과 사생활을 구분하지 마라 117

——— **Storytelling S#4** 이제부터 말이 되지 말고 기수가 되라고? 126

40대부터의 과장직 10년이
이후 회사 인생을 결정한다

— 경력 재검토 시기 **131**

- 진짜 승진 경쟁은 과장이 되는 순간부터 시작된다 **133**
- 부장 승진 못 하면 직급정년이 기다린다 **136**
- 경영진까지의 승진이 목표라면 우수한 부품이길 포기하라 **139**
- 과장 이상 진급 못 해도 출세는 할 수 있다 **144**

──── **Storytelling S#5** 직장생활 15년 만에 처음으로
　　　　　　　　　　　소신껏 주장을 펼치다! **148**

당신의 유대관계가
당신의 가치를 나타낸다

— 제2의 경력 설계에 필요한 것들 **155**

- 직장 생활 제2의 출발을 위해 인적자본 재고조사부터 하라 **157**
- 당신의 연봉은 몇 가지 중요한 사실을 암시한다 **167**
- 강한 유대의 수준을 높이고 약한 유대를 늘려라 **170**
- 이직을 고민하기 전에 인적자본 재고조사표를 재점검하라 **176**

──── **Storytelling S#6** 인사 평가에 대한 집착을 버린 순간,
　　　　　　　　　　　변화가 시작됐다! **180**

CONTENTS

Chapter 6 승진 경쟁에서 벗어나 당신만의 위치를 확보하라
― 프로페셔널로서의 생존법 185

- 개인으로서의 프로페셔널 vs. 회사 내 프로페셔널 둘 중 하나를 선택하라 187
- 회사는 프로페셔널을 어떻게 대우할까? 191
- 프로페셔널에 대한 회사 안팎의 대우가 달라지고 있다 195
- 회사 내에서의 전문성은 과연 공정한 평가가 가능할까? 199
- 인사 평가를 신경 쓰지 않고 프로페셔널로 성공하려면 테크닉이 필요하다 202

──── **Storytelling S#7** 지금 알게 된 걸 그때도 알았더라면…… 210

Chapter 7 어디서나 언제까지나 필요한 사람이 돼라
― 퇴직 후 경력 대비법 215

- 정년퇴직, 이제 더 이상 행복한 일이 아니다 217
- 승진과 프로페셔널화의 진짜 의의는 가치 있는 인재가 되는 것이다 223
- 누구나 언젠가 반드시 회사를 떠나게 된다 226
- 인적자본, 아무리 강조해도 지나치지 않다 231

──── **Storytelling S#8** '출세'의 참의미를 깨달으니 모든 것이 순조롭다! 234

| 에필로그 | 새로운 선택과 다양성 위에서 더 큰 가치의 협주를 완성하자 242

S#1 storytelling

자회사로 좌천됐던 동기가
상사로 온다고?

"가토 지점장님이 돌아온다는 이야기 들으셨어요?"

사내에서 정보통으로 유명한 여성 대리 아오키가 남들 몰래 이렇게 귓속말을 했을 때, 제1영업과 과장 곤도는 '뭐, 그럴 수도 있겠군.'이라고 생각했다.

"아니, 아직 못 들었는데. 확실한 정보야?"

아오키 대리가 살짝 고개를 끄덕였다. 주위가 눈치 채지 못하도록 아주 조심스럽게 행동하는 걸 보니 정보의 신뢰성은 높은 듯했다.

"총무과 대리인 미야베가 제 동기인 거 아시죠? 걔가 오사카 사택 계약 해지 절차를 밟고 있는데……."

이렇게 말하는 아오키의 안색이 왠지 어두웠다.

"잘됐네. 지점장으로 갔다고는 하지만 지방 자회사잖아. 그동안 계속 강등만 되는 바람에 많이 힘들었을 거야. 이렇게 다시 돌아왔으니 술이라도 한잔 사야겠는걸. 그런데 어디로 배속된대? 가토는

+ + + + + + + + + + + + + +
+ + + + + + + + + + + + + +
+ + + + + + + + + + + + + +

기획 쪽에서 잔뼈가 굵었으니 실적 부진에 빠진 제3영업과로 가려나? 그쪽 과장은 조금 있으면 정년이니까 시기도 아주 잘 맞춰서 오는군."

"그게……. 미야베는 계약 해지 외에도 처리할 게 많아서 힘들어 죽겠다고 우는 소리를 하는데……."

아오키가 말끝을 흐리사 곤도는 뭔가 심상찮은 분위기를 느꼈다.

"왜 그래? 설마 다시 과장으로 복귀하는 거야? 그 지점이 실적 회복한 건 까마귀 날자 배 떨어진 격인지도 모르지만, 어쨌든 그 친구 공적도 틀림없이 있을 거라고. 좌천당한 곳에서 실적을 냈으니 어느 정도의 직급은 보장해줘야 하지 않겠어? 아니면 내가 기무라 부장을 찾아가서 담판을 짓도록 하지."

"아니 그게……, 사실은 기무라 부장님이 몸이 안 좋아서 휴직을 하시고, 대신 가토 지점장님이 후임 부장대우로 오신다고……."

쿵 하는 소리와 함께 책상이 흔들렸다. 곤도가 자기도 모르게 벌떡 일어선 것이다. 곤도는 아오키를 보며 넋이 나간 표정으로 중얼거렸다.

"말도 안 돼……. 이럴 수는 없어……. 동기 중 최고는 바로 나라고!"

Chapter 1

인사고과와 평판은 승진 가능성과 비례하지 않는다

'부림당하는 쪽'과 '부리는 쪽' 사이의 벽

저런 사람이
어떻게 경영진이 됐지?

훌륭한 결과를 낸 사람.

평판이 좋은 사람.

상사의 마음에 든 사람.

흔히 이런 사람이 회사에서 출세한다고 생각하기 쉽다. 이건 반만 맞는 얘기다. 현실은 다르다. 과장 직급을 달기 직전까지는 이런 사람들이 출세하는 경우가 많을지 몰라도, 과장이 되고부터는 상황이 달라진다. 큰 성공을 거뒀지만 큰 실패도 겪은 사람, 회사 내에서 호불호가 극단적으로 갈리거나 적이 많은 사람이 부장 또는 그 위의 집행임원, 이사가 된다. 잘 생각해보면 당신 주위에도 그런 사람이 있을 것이다.

예전에 나는 매출 규모가 수천억 엔에 이르는 한 기업으로부터 인사 평가 제도를 전면 개정해달라는 의뢰를 받은 적이 있다. 그 기업 이사들이 바로 그런 유형의 사람들이었다.

그중 한 사람은 외부에서 경력 관리직으로 채용된 사람이었는데, 관리직 시절의 주위 평판은 최고 아니면 최악으로 양극단을 달렸다. 규모도 업종도 다른 기업에서 이직했고, 게다가 당시로서는 보기 드물게 해외 근무로 경력을 쌓아왔다. 그래서 '회사를 새롭게 만들어 나갈 인재'로 기대받는 한편, '외국물 좀 먹었다고 거들먹거리는 놈'이라는 험담도 많이 들었다. 또한 그는 적을 만들기 쉬운 성격이기도 해서, 상사든 부하 직원이든 가리지 않고 논쟁을 벌여 대립 관계를 만들곤 했다.

비즈니스 관련 논쟁으로 감정이 상했을 때, 이후 그와 상관없는 일이라 해서 아무 일도 없었다는 듯 행동할 수 있는 사람은 그리 많지 않다. 외국계 기업에는 '비즈니스상의 대립과 통상적 인간관계는 별개'라는 암묵적 규칙이 있다고 하지만, 사실 그런 건 없다. 외국계 기업이라도 비즈니스상 대립하면 관계에 앙금이 남는다. 평생 뒤끝을 보이는 사람도 많다. 하물며 이 기업은 일본 기업이다. 그와 대립한 사람들에겐 당연히 마음속 앙금이 많이 남아 있었다.

그런데 그는 결국 사장이 됐다. 사장이 된 뒤에도 성격은 여전했지만, 나쁜 평판을 퍼트리던 사람들은 일제히 입을 다물 수밖에 없었다.

또 그 회사의 다른 이사들은 대부분 좌절을 겪어본 사람들이었다. 어떤 상무이사는 크게 실패한 탓에 자회사로 오랫동안 좌천됐던 경험이 있었고, 또 어떤 이사는 큰 병을 앓는 바람에 승진 경쟁에서 밀려났다고 여겨지던 사람이었다. 집행임원 중에도 실적이나 인품에 기복이 있는 사람이 많았다. 그런데도 기업의 실적은 떨어질 줄을 몰랐다. 물론 주가도 계속 상승했다.

과장 직급부터
승진의 기준이 달라진다

일반적인 승진의 규칙은 학문적으로 이론화되어 있다. 미국 스탠퍼드대 경영대학원 교수이자 경제학자인 에드워드 레이지어(Edward Paul Lazear)가 1980년대에 발표한 '토너먼트 이론(Tournament Theory)'이 바로 그것이다. '랭크오더 토너먼트(Rank-order Tournament)'라고도 불리는 이 이론은 조직에서의 출세에 관한 기본 규칙으로 알려져 있다. 그 내용을 간단히 요약하면 이렇다.

같은 직급(랭크)에 있는 사람들이 다음 진급 순위(오더)를 경쟁하는 승자 진출전(토너먼트)을 반복한 끝에 결국 한 사람이 정상에 도달하는 것. 이것이 규칙이다.

여기까지 듣고 '그렇군. 그렇다면 대리든 부장이든 경쟁의 규칙은 다르지 않겠어.'라고 생각하는 사람이 아마 많을 것이다. '결국 누군가가 선택된다'는 점은 분명하다. 그러나 선택될 때의 기준은 크게 두 번 변화한다.

당신이 이미 과장이라면 그 변화를 실감했을 것이다. 가령 동기 중에 가장 빨리 대리로 승진한 사람이 과장 자리를 눈앞에 두고 제자리걸음을 한다면, 그 이유가 무엇일까? 그건 달라진 승진 기준에 부합하지 못했기 때문이다. 과장급 이상 관리직으로 올라갈 때 승진 기준이 어떻게 변하는지 살펴보자.

대리까지는 '졸업 기준', 과장부터는 '입학 기준'

동기 중 제일 먼저 대리가 된 사람을 떠올려보기 바란다. 성별 상관없이 그가 대리가 된 이유는 당연히 '일을 잘해서'겠지만, 좀 더 구체적으로 생각해보면 '일 처리 속도가 빠르다', '업무를 정확히 수행한다' 같은 것이 아니었을까? 물론 실제로는 그런 모호한 기준이 아니라 회사마다 있는 상세한 승진 기준에 따랐겠으나, 주임이나 대리로 일찍 승진하는 사람에게는 대체로 그런 특징이 있다.

인사 제도적으로 봤을 때 사원, 주임, 대리 등을 포함한 일반 직원의 승진 기준은 지금 담당하고 있는 업무의 평가 결과가 바탕이 된다. 평사원에서 주임, 주임에서 대리로 승진할 때 등이 그렇다. 대리까지는 지금 담당하고 있는 업무를 다른 사람들보다 더 잘 처리하는 사람이 빨리 승진한다. 그런데 과장부터 관리직으로 승진할 때는 다른 기준이 적용된다.

인사 용어로 말하면 대리까지는 '졸업 기준'으로 승진 여부가 판단된다. 초등학교 교과를 마치면 중학교로, 중학교 교과를 마치면 고등학교로 진학하는 것과 같은 원리로 평사원을 졸업해 주임이나 대리가 되는 것이다. 그러나 알다시피 대학은 조금 다르다. 고등학교 교과를 마쳤다고 해서 입학을 무조건 허락하지 않는다. 입학시험을 통해 대학 다니기에 걸맞은 학력(學力)을 갖췄는지 판단한다. 과장급 이상 관리직으로 승진할 때도 대학 입학과 똑같은 판단 기준이 적용된다. 이것을 '입학 기준'이라고 한다.

이러한 변화에 잘 대응하는 사람은 관리직으로 승진할 가능성이 높다. 반면 주어진 업무를 아무리 훌륭히 수행하고 있더라도 상위 직급에 걸맞은 사고방식으로 일할 수 있을 것 같지 않은 사람은 직장에서의 출세는커녕 승진조차 못 한다. 일반 사원과 관리직 사이에는 그런 벽이 있다. 즉, '부림당하는 쪽'과 '부리는 쪽' 사이에 경계가 있는 것이다.

관리직의 승진 기준과 승진 과정에 대해서는 제2장에서 자세히 설명하겠다.

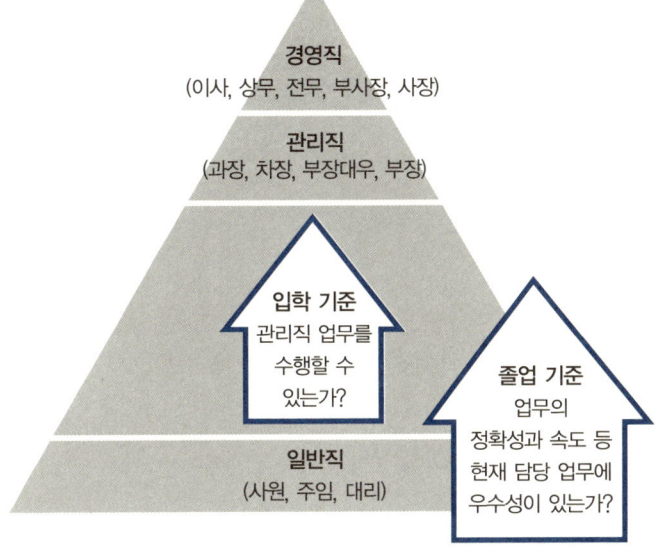

누구나 과장이 되었으면 사장, 차장이 되었으면 부장이 되고 싶어 한다. 이른바 '매니저'로 직장 내에서 출세하고 싶어 하는데, 이때의 승진 기준은 과장과 똑같은 관리직임에도 졸업 기준이 아니다. 평사원에서 주임이나 대리로 승진할 때와는 상황이 다르다.

20년 전쯤에는 '저 친구가 과장이 된 지 10년이 지났으니 슬슬 차장으로 승진시켜야겠군.'이라는 승진 기준을 적용하는 회사가 많았다. 그런데 지금은 그런 회사가 점점 줄어들고 있다. 내가 아는 범위에서는 경기의 영향을 그다지 받지 않는 인프라 기업이라든가 공적

기관, 의외로 보수적인 대중매체 관련 기업, 중견 이하의 오너 기업 중 일부 정도만 그런 승진 기준을 유지하고 있다. 다른 대부분의 기업은 과장을 차장으로, 차장을 부장으로 승진시킬 때 원칙적으로 '입학 기준'을 적용한다. 그것도 과장으로 승진시킬 때보다 기준을 더 엄격히 강화한다. 물론 그 이유는 과장보다 차장이나 부장이 더 고도의 직무를 담당하기 때문이다. 능력이 그만큼 더 우수해야 하는 것이다.

바야흐로 '직능주의'를 지나 '직무주의'의 시대다

　최근 증가하고 있는 또 하나의 현실적 개념으로 '직무주의'가 있다. 이제 상장 대기업 등에서는 오히려 당연시되고 있는 개념이다. 간단히 설명하면 '우수한 과장을 부장으로 승진시키는 것이 아니라, 부장 업무를 수행하기 적합한 사람을 부장으로 앉힌다'는 발상이다. '과장의 직무'와 '부장의 직무'를 명확히 구분해 정의할 수 있게 됨에 따라 이런 발상이 가능해졌다.

　사실 얼마 전까지만 해도 과장의 업무나 부장의 업무나 별다른 차이가 없었다. 단순히 젊은 관리직은 과장이고, 연차가 높으면 부장이 되는 식이었다. 그런데 직무주의하에서 과장은 가장 작은 사업 단위의 책임자고, 부장은 복수의 사업 단위, 즉 여러 과를 통솔하며 중장기적인 계획을 책정하는 책임자라는 식으로 업무를 구분한다. 과장과 부장의 업무가 수준뿐 아니라 내용까지 달라진 것이다. 그 결과 탄생한 개념이 직무주의이며, 인사 제도에서 말하는 '직무 등급 제도'다. 구체적으로 말하면 담당 업무의 크기에 따라 직급과 급여를 정의하자는 발상이다. 직무주의 아래에서는 우수한 과장도 부장 진급이 어렵다.

설명을 듣고 '그건 당연한 거잖아?'라고 생각하는 사람이 있을지도 모르지만, 대다수의 일본 기업은 그렇게 하지 않았다. '직능주의'를 당연시했기 때문이다.

'월급 도둑'을 만들어낸 구시대의 산물 '직능주의'

회사 내에서 주위를 둘러보기 바란다. 혹시 관리직은 관리직인데, 직함은 고문이라든가 부부장(副部長)같이 구체적으로 무슨 일을 하는지 알 수 없고 월급은 꼬박꼬박 받아가는 사람이 있지는 않은가? 오늘날 '월급 도둑'이라는 말이 만들어진 것도 결국은 누가 무엇에 책임지는지 알 수 없는 조직과 인사 시스템이 원인이다.

왜 그렇게 됐을까? 사실 그 원인 중 가장 큰 비중을 차지하는 건 이미 정년퇴직한 단카이 세대(団塊世代, 1947~1949년에 태어난 일본의 제1차 베이비붐 세대. 경제, 문화, 사회 등 다양한 측면에서 일본 사회에 커다란 영향을 끼쳤다-옮긴이)다. 단카이 세대가 회사에서 관리직이 되기 시작한 1980년 전후 기업들은 커다란 문제에 봉착했다. 인원에 비해 직급이 턱없이 부족했던 것이다. 그도 그럴 수밖에 없었던 것이, 신입 사원으로 채용한 단카이 세대의 수가 너무나도 많았다. 과장 자리는 5개밖에 없는데 후보는 10명이 넘었다. 그런데 회사는 계속 성장했고, 그에 따라 맡겨야 할 업무도 증가하고 있었다. 그 이유는 대부분 '인구 보너스(전체 인구에서 생산 연령 인구의 비율이 높아지는 것-옮긴이)' 때문이었지만.

아무튼 과장이 되지 못한 5명에게도 맡길 업무가 있었기 때문에 회사는 그들이 계속 의욕적으로 일하게 하기 위해 관리직은 아니지만 '관리직 수준'의 급여를 줘서 열심히 일하게 할 시스템을 만들었다. 이것이 바로 '직능주의'이자, '직능 자격 제도'다. 당시 일본에서는 상식으로 통하기까지 했던 시스템이다. 아무도 이 시스템에 의문을 품지 않았으며, 경영자는 물론 직원들에게도 훌륭한 시스템이었다. 지금도 대다수 회사가 직능 자격 제도를 채용하고 있다. 이는 '이 사람은 틀림없이 이만큼의 일을 해줄 것이다.'라는, 성선설에 가까운 생각으로 직원들을 대우하기 때문이다.

세계화의 영향으로
자연스레 도입된 '직무주의'

그렇다면 최근 들어 직능주의 대신 직무주의를 적용하기 시작한 이유는 무엇일까? 직능주의가 성선설이라고 해서 직무주의가 성악설이라는 의미는 아니다. 또 '직무주의=직무 등급 제도'는 서양의 개념이므로 단순히 서양을 흉내낸 것인가 하면 그것도 아니다. 인사 컨설턴트가 굳이 권하지 않아도 해외로 진출한 대다수 일본 기업이 자발적으로 직무주의를 채용하고 있다.

직무주의가 침투하기 시작한 이유는 비즈니스에 국경이라는 장벽이 낮아지고 있기 때문이다. 이것을 '글로벌화' 또는 '세계화'라는 말로 설명하기도 하지만, '글로벌'이라는 단어는 왠지 모호하고 이해하기가 어렵다. 국경이라는 장벽이 낮아졌다는 설명도 이해가 안 될지 모르겠는데, 쉽게 말해 사람이나 돈, 상품이 국경을 넘어 오가는 일이 늘어났다는 뜻이다. 개발도상국이 성장해서 사업 상대가 되었다든가, 선진국 시장이 포화 상태가 되어 성장을 멈췄다는 등 자세한 사정을 설명하자면 이야기가 길어지지만, 요는 그런 것이다.

그리고 직무주의의 영향으로 비즈니스의 규칙이 변화했다. 이것이 세계화의 영향인데, 좀 더 구체적으로는 다음과 같은 변화를 가리킨다.

- 어제의 경쟁 상대와 내일의 경쟁 상대가 다르다.
- 어제의 비즈니스 모델과 내일의 비즈니스 모델이 다르다.
- 어제의 고객과 오늘의 고객이 다르다.

과거 일본에서는 국경이라는 보호 장벽 덕분에 경쟁 상대도, 비즈니스 모델도, 고객도 수십 년에 걸쳐 큰 변화가 없었다. 그러나 국경의 장벽이 낮아지면서 먼저 경쟁 상대가 달라졌다. 규제 완화를 통해 일본 국내의 경쟁 관계도 변화했으며, 일본 기업이 새로운 시장을 찾아 해외로 진출하는 것도 당연시됐다.

경쟁 상대가 바뀌자 비즈니스 모델이 달라졌다. 근본적으로 발상이 다른 해외의 상대와 경쟁하면 그동안 업계에서 일률적으로 확보해온 이익률을 유지하기가 어려워진다. 그래서 비즈니스 모델이 변화한 것이다.

비즈니스 모델의 변화로 고객도 바뀌었다. 개인과 기업 등의 고객이 좀 더 폭넓고 다양한 정보를 쉽게 손에 넣을 수 있게 됐기 때문이다. 지금까지 사용했던 상품보다 더 좋은 상품, 기존 거래처보다 더 좋은 조건의 거래처가 있으면 국경을 넘어서라도 상대를 간단히 바꿀 수 있게 됐다.

이처럼 세계화를 통해 국경을 초월한 비즈니스가 용이해지자 비즈니스 자체가 커다란 변화를 당연시하게 됐다. 이렇게 변화가 당연시되면 선견지명과 의사 결정이 매우 중요해진다. 그래서 그동안 모호했던 과장이나 부장, 이사 같은 직급의 업무 내용을 좀 더 명확히 정의해 세계화에 따른 커다란 변화에 대응할 수 있는 조직력을 손에 넣을 필요성이 생겼다. 더는 내일의 비즈니스가 어제의 연장선상이 아니게 됨에 따라 과장이나 부장 단계에서 명확한 의사 결정을 신속하게 내릴 수 있어야 하게 된 것이다. 이것이 '직무주의=직무 등급 제도'가 확산되고 있는 커다란 요인이다.

그리고 직무를 명확히 정의해보니 회사의 기존 승진 시스템을 유지할 수 없었다. 상위 직급으로 승진할수록 체력과 두뇌를 더 사용해야 하는데, 직능 자격 제도하에서는 월급 도둑만 계속 늘어날 뿐이었기 때문이다. 기득권을 보호받던 시대는 지나간 것이다. 그렇다면 관리직 이상 경영진에게 요구되는 직무는 궁극적으로 무엇일까?

'부림당하는 쪽'일 때 평가받는 기술과 '부리는 쪽'에게 필요한 능력은 완전 별개다

나는 대학을 졸업하고 외국계 컨설팅펌에 취직했다. 본사가 시카고에 있고, 전 세계에 걸쳐 컨설턴트를 수십만 명이나 보유한 그 회사는 1990년대 당시 일본에는 많지 않은 진짜 글로벌 기업이었다.

최근 그곳에서 오랫동안 파트너(공동 경영자)로 활약했으며 업계에서도 유명한 인물과 오랜만에 이야기 나눌 기회가 있었다.

"그 회사의 교육 본질이 무엇인지 알고 있었나?"

질문을 받은 나는 즉시 대답하려 했다. 그런데 그는 내가 입을 열기 전에 이렇게 말을 이었다.

"'세계적으로 생각하고 지역적으로 행동하라.' '객관적으로 생각하고 직설적으로 말하라.' '열심히 일하고 인생을 즐겨라.' 다양한 메시지가 있는데, 본질은 뭐라고 생각하나?"

사실 하려던 대답이 바로 그것이었기 때문에 나는 순간 당황했다. 그런 내 모습을 보면서 그는 입가에 웃음을 띤 채 말했다.

"전부 거짓말이야. '상사에게 순종하는 부하 직원을 만드는 것.' '개인 생활 없이 개미처럼 일만 하는 우수한 부품을 만들어내는 것.' 그것이 그 회사 교육의 본질이지. 최소한 일본에 컨설턴트가 몇 명밖에 없던 그 시절에 내가 미국 본사에서 배운 건 그랬다네. 그래서 우리 초기 파트너들은 자네들을 철저히 그렇게 교육했지. 글로벌 기업은 그런 곳이야. 하지만 글로벌 기업에서 경영자가 될 수 있는 조건은 완전히 다르다네. 계속 '우수한 부품'으로 사는 게 출세의 조건이 아니라는 말일세."

바로 이것이 현실이다. 물론 회사의 방침이 그랬다는 말은 아니겠지만, 그렇게 생각하는 파트너를 보면서 나는 하나의 진실을 깨달았다. 과장으로 대표되는 관리직까지는 경영진에게 부림당하는 처지에서 출세 경쟁을 한다는 사실이다. 과장 승진까지라면 인사 평가 때 사용되는 다양한 기준이 출세의 잣대가 된다. 예를 들면 이런 기준이다.

- 맡은 업무를 정확히 수행하는가?
- 시간을 정확히 지키는가?
- 협조성이 있는가?

- 항상 솔선하는가?
- 회의에서 소신껏 주장을 펼치는가?
- 부하 직원이나 후배를 교육할 수 있는가?

팀워크라든가 책임감이라고 부르는 다양한 기술을 몸에 익히고 발휘하는 건 전부 '부림당하는 쪽'일 때 요구되는 기준인 셈이다. 조직이라는 기계의 부품으로서의 우수성, 혹은 그런 부품들을 활용하는 관리직으로서의 우수성이 평가 기준이 된다. 그러므로 위와 같은 노하우를 터득하면 높은 평가를 받기 쉽고, 승진도 쉬워진다고 할 수 있다.

다만 이것들은 전부 '부리는 쪽'에게는 요구되지 않는 기준이다. 변화가 극심한 시대이기에 부리는 쪽은 부림당하는 쪽과는 다른, 별개의 일을 해야 한다.

왜 우수 경영진 중에는
이상적인 리더가 적을까?

만약 당신이 글로벌 기업이나 현재 지속적으로 성장하고 있는 회사에 몸담고 있다면 경영진의 행동을 떠올려보기 바란다.

- 시간을 정확히 지키는가(정해진 시간에 업무를 완수하는가)?
- 협조성이 있는가(경영직끼리의 커뮤니케이션이 원활한가)?
- 항상 솔선하는가(권한을 지나치게 위임하고 있지는 않은가)?
- 부하 직원을 교육할 수 있는가(권력을 남용하고 있지는 않은가)?

아마 이 가운데 일부는 해당되겠지만, 모든 조건을 만족하는 사람은 거의 없을 것이다. 오히려 제멋대로이고 독선적이고 이기적이며 권력을 남용하는 사람이 훨씬 많다. 여러 곳에서 제시하는 '이상적인 리더상(像)'을 만족하는 경영진은 놀랄 만큼 적다.

그럼에도 그들은 '우수한 경영진'이다. 물론 그들도 마음만 먹으면 우수한 부품으로 행동할 수 있을 것이다. 그러나 정상의 자리에 선 지금은 '우수한 부품으로 행동하는 것'이 그들의 직무가 아니기에 그렇게 하지 않는다. 이상적인 리더상에 부합하는 사람은 우수한 경영진으로서 활약할 수 없기 때문이다.

부품으로서 우수한 사람의 한계

많은 사람이 동경하는 카리스마 넘치는 오너 경영자들을 보면 좀 더 이해가 쉬울 것이다. 사기 회사를 싱장시긴 뒤에 경영 위기에 빠진 다른 회사까지 극적으로 재건한 경영자, 거대 기업 집단을 만들어낸 카리스마 경영자, 다수의 M&A를 성공시키면서 기업 가치를 높이고 있는 경영자 등을 떠올려보자.

나는 직업상 그런 회사의 인사 담당 임원이나 인사부장과 이야기 나눌 기회가 많은데, 이때 보고 듣는 슈퍼 경영자들 중에는 상상을 초월하는 사람도 있다. 그들의 행동은 상식의 범주를 넘어선다. 오죽하면 임원들과 부장들이 "정말 훌륭한 사장이긴 하지만, 다시 태어나도 함께 일하겠느냐고 묻는다면 글쎄요······."라고 말하겠는가?

경영자들도 우수한 부품으로 행동하던 시기가 있었다. 오너 경영자도 마찬가지다. 회사를 갓 세웠을 때는 영세 기업의 사장으로서 '만능 재주꾼'이 되어야 하기 때문이다. 거래처를 찾아가 고개를 숙이기도 하고, 사소한 작업을 직접 처리하기도 했다. 그렇게 그들은 우수한 부품이 되어 훌륭한 결과를 냈다. 하지만 실질 경영자가 된 지금은 결코 그런 행동을 하지 않는다.

비즈니스라는 시스템 속에서 우수한 부품으로 계속 활약한다 해도 경영진이 되어 회사 내에서 출세할 가능성은 매우 낮다. 부품으로서 우수한 사람은 경영진으로 출세 못 한다. 경영진의 직무를 수행할 수 있는 사람, 적어도 수행할 수 있을 거라 기대되는 사람이 출세한다. 경영진의 직무란 새로운 상품을 탄생시키고, 그 상품에 의미를 부여하는 것이다. 이는 곧 '그 기업이 왜 존재하는가?'라는 존재 의의가 걸린 본질적 직무다. 젊은 시절 회사 내에서 높은 평가를 받은 사람이 출세하는 시스템이 아니게 된 것이다.

그런데 이 사실을 이해하지 못한 채 경영진 후보를 키우려는 기업도 많다. '우수한 관리자니까.'라는 이유만으로 차세대 경영진을 선발하려 한다. 우수한 과장 중에서 부장을 뽑고, 우수한 부장 중에서 이사를 뽑는다. 이렇게 선발한 경영진은 예상과 달리 좋은 결과를 내지 못하는 경우가 많다. 그 실패의 원인은 관리직과 경영직의 직무가 다르다는 걸 인지하지 못한 채 승진시킨 데 있다.

회사가 결코 가르쳐주지 않는
인사 평가의 진짜 의미

사실 경영진은 애초에 그렇게 많을 필요가 없다. 한 세대, 하나의 조직에 몇 명 정도만 있으면 된다. 조직의 규모가 커지면 수십 명으로 늘어나야겠지만, 그래도 전체 인원을 놓고 봤을 때 100분의 1에서 1,000분의 1 이하면 충분하다.

여기서 문제가 발생한다. 우수한 관리직이긴 하지만 경영진 직무를 맡기기에는 부족한 사람에게 "당신은 경영진이 될 가능성이 낮소."라고 솔직하게 말할 경우 일할 의욕을 잃을 거라는 점이다. 그래서 우수한 경영자는 직원들이 이 사실을 깨닫지 못하게 하면서 매년 승급이나 상여금 등의 '당근'을 이용해 계속 우수한 부품으로 활약하도록 유도한다. 그것의 근거는 당연히 인사 평가 결과다.

물론 그들의 의도대로 인사 평가를 중시하며 일한다고 해서 불행해지는 건 결코 아니다. 다만 '이 사실을 깨닫는다면 좀 더 높이 올라갈 수도 있을 텐데.'라는 안타까운 마음이 들 뿐이다.

그렇다면 과장 이상 단계별로 더 높이 승진해 출세하고자 하는 당신은 어떻게 처신해야 할까?

# S#2
storytelling

인사고과 점수가 동기 중 최고인 내가 승진에서 밀리다니!

업무상 모임에는 도저히 적합해 보이지 않는, 지나치게 푹신한 소파에 얕게 걸터앉은 곤도는 슬슬 짜증이 치밀고 있었다. 영업부 기무라 부장의 방에서 그를 기다린 지 벌써 20분이 지났다.

기무라 부장의 개인실은 넓다고는 할 수 없지만 질 좋은 집기들로 고상하게 꾸며져 있었다. 소문으로는 퇴임한 임원의 개인실을 적당히 교섭해서 자기 것으로 만들었다고 한다. 그런 기무라 부장의 방에는 검은색 책상이 놓여 있었고, 그 너머에는 몇 년만 지나면 자기 차지가 되리라 믿어 의심치 않았던 가죽 안락의자가 있었다. 그런데 그 의자에는 아무도 앉아 있지 않았다. 소파 앞의 지나치게 낮은 테이블에는 커다란 크리스털 재떨이와 디자인이 같은 크리스털 담배 상자가 놓여 있었다. 담배 상자에는 기무라 부장이 즐겨 피우는 브랜드의 담배가 빼곡히 담겨 있었다.

곤도는 담배를 피우지 않는다. 미식축구로 단련한 몸을 유지하기 위해 30대 후반인 지금도 여러 가지 스포츠를 계속하고 있고, 헬스클럽도 정기적으로 다니고 있다. 누구보다 튼튼한 몸을 유지하고 있기에 장시간의 영업 회의에도, 연속된 장거리 출장에도 피로를 느끼지 않는다. 부하 직원들에게 모범이 되도록 솔선하는 것이 곤도에겐 삶의 보람이자 자부심이다.

반면 기무라 부장은 곤도와는 다른 유형의 영업인이다. 솔직히 말해 곤도는 기무라 부장을 무시하고 있었다.

"그 양반의 시대는 끝났어."

영업 회의를 마치고 밤샘 회식을 할 때마다 곤도는 입버릇처럼 이렇게 말했다.

'거품경제가 한창이던 시절, 호경기 덕에 출세한 범용한 사내.'

이것이 기무라 부장에 대한 곤도의 평가였다. 또 기무라 부장은 곤도보다 허리둘레도 확실히 더 크다. 사교 골프는 잘 치지만, 건강과는 담을 쌓은 생활 방식은 부하 직원들의 눈에 그리 좋게 보이지 않는다. 영업 회의는 곤도에게 전부 맡겨둔 채 어디서 무엇을 하는지 코빼기도 내비치지 않는다. 곤도 외의 부하 직원들 또한 그의 시대는 곧 끝날 거라고 입을 모아 말했다.

과거 기무라 주위에는 그보다 우수한 영업 사원이 여럿 있었다. 그러다 5년 전, 운 좋게 수주한 대형 사업이 사장의 눈에 들어 부장으로 발탁됐다. 그 뒤로 영업부는 줄곧 실적을 올려왔는데, 곤도는 그 실적의 대부분이 자기가 이끄는 제1영업과의 공이라 자부하고 있다. 그래서 자기가 아닌 다른 사람이 차기 영업부장 후보가 될 거라는 생각은 꿈에도 해본 적이 없다.

그런데 오늘, 동기이자 자회사로 파견 나갔던 가토가 '부장대우'라는 직함으로 기무라 부장의 후임이 되어 돌아온다는 말을 들었다. 도저히 믿을 수 없는 소식이었다.

재작년까지 자회사, 특히 오사카지점의 실적은 좋지 않았다. 그래서 본사는 작년 오사카지점 재건을 위해 영업기획과 과장이었던 가토를 지점장으로 파견했다. 자회사라고는 해도 과장에서 지점장이 됐다고 하면 언뜻 출세처럼 보이겠지만, 실상은 그렇지가 않다. 기획과 업무는 기본적으로 데스크 워크다. 그런 곳에서 영업 최전선으로 이동시킨 건 징벌의 성격이 강한 좌천이라는 소문이 사내에 파다하게 퍼졌다.

그런데 가토가 담당한 지점은 사람들의 예상과는 달리 실적을 회복했다. 자회사의 다른 지점이 기대에 못 미쳤던 만큼 가토가 담당한 오사카지점의 실적은 단연 돋보였다.

'그렇다고는 해도 고작해야 자회사의 일개 지점 실적이잖아? 결코 부장대우로 발탁될 정도의 실적은 아니라고!'

곤도는 상황을 바로잡을 시간이 아직 남아 있다고 생각했다.

'애초에 지금은 정식 승진 시기가 아니야. 게다가 내 인사고과 점수는 틀림없이 동기 중에 최고일 거라고. 그러니까 가토가 부장대우가 된다면 당연히 나도 최소한 차장 정도는 돼야 정상이지.'

이런 생각으로 기세등등하게 기무라 부장의 방을 찾아온 곤도는 그가 자리를 비운 통에 하염없이 기다릴 수밖에 없었다. 기무라 부장이 돌아왔을 때는 곤도가 소파에 앉은 지 한 시간이나 지난 뒤였다.

"미안하군. 내가 참석하는 마지막 이사회가 길어져서 말이야. 뭐, 임시 개최이긴 했지만."

소파에서 일어나 불만을 터트리려 했던 곤도는 기무라 부장이 문을 열고 들어오자마자 이렇게 말하는 바람에 순간 머쓱해졌다.

"임시…… 이사회……가 있었습니까?"

"응. 자네도 이미 들었겠지만, 내 폐에서 그림자가 발견돼서 말이지. 아직 초기라 생명에는 지장이 없다는데, 아무래도 만전을 기하는 게 좋을 것 같아서. 미국으로 건너가 좋은 의사에게 치료받기로 했다네. 회사에서는 일단 미국 지사로 부임한 다음 휴직하는 걸로 조치해줬지. 무사히 완치된다면 임원으로 돌아올 걸세."

"네……?!"

곤도는 자기 귀를 의심했다.

'미국 지사로 부임한다고? 게다가 임원 후보?'

기무라 부장은 아무 말 못 하고 있는 곤도의 맞은편 소파에 앉더니 담배 상자 뚜껑을 열어 담배 한 개비를 꺼냈다. 그리고 소파 깊숙이 몸을 묻은 채 담배에 불을 붙였다.

"아, 이게 마지막일세. 폐에 그림자가 있다고는 하지만, 아프지도 않고 느낌도 없다 보니 실감이 안 난단 말이지."

"……좀 더 일찍 끊으셨으면 좋았을 텐데요……."

"따분한 정론이군. 자네다워."

곤도가 간신히 기운을 짜서 한 말에, 기무라는 이렇게 말하며 소리 내어 웃었다.

'저 웃음소리, 정말 마음에 안 들어.'

곤도가 이런 생각한 걸 눈치라도 챘는지, 기무라 부장은 몸을 앞으로 기울이며 말했다.

"그러니까 가토한테 지는 거야."

"?!"

일순간 곤도의 얼굴이 빨갛게 달아올랐다. 기무라는 자기도 모르게 일어서려는 곤도를 제지하며 담배를 내려놓았다.

"그렇긴 하지만 그동안 자네한테 신세를 많이 졌지. 앞으로도 지게 되겠고 말이야. 그래서 작별 선물을 하나 하려고. 아니, 기회라고 할 수도 있겠군. 지금부터 내가 하는 말을 귀담아 듣게."

곤도는 어리둥절했다.

'작별 선물? 기회? 이 양반이 지금 무슨 소리를 하는 거야? 가토를 선택한 사람은 바로 당신이잖아! 아하, 알겠어. 이 양반은 내가 자기를 무시해온 걸 알고 있었던 거야. 하긴, 나도 딱히 숨길 생각이 없었으니 당연한지도 모르겠군. 일부러 들으라고 말한 적도 있으니 말이야. 하지만 그렇다고 해도 왜 하필 가토지? 고지식해서 융통성이 없을뿐더러 감정 기복도 심해. 평판도 극단적이고 말이야. 게다가 무슨 생각을 하는지 종잡을 수가 없고, 동기하고도 잘 어울리지 못한다고. 그런 녀석이 어떻게 나보다 먼저 승진한단 말이야?'

곤도의 머릿속에는 이런 생각이 끊임없이 맴돌았다. 이윽고 기무라 부장은 몸을 좀 더 기울여 곤도의 코앞에 얼굴을 가져다댔다. 그러고는 다시 입을 열었다.

"애조에 이사들은 사네가 자기 부징에 적합하지 않다고 판단하고 있네. 그 이유를 다시 한 번 생각해보게. 다행히 내가 승진한 뒤에 공석이 될 영업부장의 정식 승진 판단은 내년 봄에 이루어질 걸세. 그때까지는 자네에게도 기회가 있어. 왜 자네가 선택받지 못했는지, 어떻게 해야 과장으로 끝나지 않을 수 있을지, 곰곰이 생각해봐야 할 거야."

Chapter 2

인사고과
우수하다고
자만하거나
방심하지 마라

인사고과와 승진의 상관관계

상위 직급으로 올라갈수록 인사고과와 승진의 상관관계가 떨어진다

 과거 일본 기업에서는 승진 후보가 되기 위한 필수 조건이자 최소 조건이 '연공(年功)'과 '오점을 남기지 않는 것'이었다. 이 2가지를 승진 기준으로 삼는 기업은 아직 많다. 앞으로도 일정 비율은 넘을 것이다. 반면 그렇지 않은 기업도 늘고 있다. 따라서 이 부분만큼은 당신이 다니는 회사 상황에 맞춰 생각해야 한다.
 앞서 설명했듯 승진의 기본 규칙은 '랭크오더 토너먼트'다. 우선 각 직급(랭크)에서 승진 후보로 이름을 올리고, 그 안에서 경쟁 순위를 높이는 것이 기본적인 행동 요령이다. 그렇다면 과장부터는 어떤 조건을 만족해야 승진이 쉬워질까? 인사 평가와 승진은 과연 어느 정도 상관관계가 있을까?

인사평가서의
존재 의미와 활용 범위

인사 평가 결과는 승진에 물론 반영된다. 다만 100% 반영이 아닐 뿐이다. 인사 평가는 '과거를 본' 결과이기 때문이다. 목표 관리 제도에서 높은 평가를 받았다는 것은 목표를 달성했음을 의미한다. 이것은 과거의 결과이자 틀림없는 사실이다. 능력이나 행동을 평가할 때도 '팀워크를 훌륭히 발휘했다'든가, '책임감 있는 행동을 했다' 같은 분명한 사실이 반영된다. 그러나 이런 사실이 내일도 똑같은 결과나 행동을 가져다준다는 보장은 없다.

주임이나 대리 정도라면 자리 수를 제한할 필요도 없고, 승진이라고는 하지만 급여가 확 늘어나는 것도 아니므로, 일단 인사고과 점수가 좋으면 더 높은 수준의 업무를 맡겨보자고 판단할 때가 많다. 그래서 '졸업 기준'을 채용한다.

그러나 상위 직급으로 올라갈수록 무작정 '일단 맡겨보자'는 판단을 할 수 없게 된다. 당연한 말이지만, 세상에 어느 회사가 '일단 사장을 맡겨보자.'라고 생각하겠는가? 그러므로 인사 평가 결과를 감안하면서 다른 기준을 가지고 판단하기 시작한다. 자세한 설명은 뒤에서 하겠지만, 인사 평가에만 의존할 수 없는 이유가 여기에 있다.

내일의 행동은 아무도 알 수 없으므로 회사는 플러스알파의 기준을 요구하기 시작한다. 그것이 바로 '입학 기준'이다. 개중에는 인사 평가 결과를 계속 승진 판단의 기준으로 사용하고 싶어 하는 기업도 있어서, 개인의 성장성이나 미래에 기대할 수 있는 공헌도를 인사 평가에 포함시키면 어떨까 궁리한 사례도 있다. 나는 몇몇 회사에서 그런 검토를 도왔는데, 결과적으로 그런 평가 기준이 사용된 적은 한 번도 없다. 그 누구도 미래를 예측할 수 없기에, 아무리 인사 평가 기준을 정밀하게 만든다 한들 '평가자가 마음에 들어 하는 사람이 높게 평가받는 경향'만 강해질 뿐이었다.

상위 직급으로 올라갈수록 인사고과와 승진 판단이 엄밀하게 연동되지는 않지만, 그렇다고 판단 과정 자체가 크게 바뀌는 것은 아니다. 그러면 이어서 승진 여부 판단의 실무 과정을 설명하겠다.

승진 여부를 판단하는 전형적 실무 과정부터 파악하라

승진 후보 중 실제로 어떤 사람을 선택하느냐에 대한 기준이나 선택 과정은 공개적으로 발표되지 않을 때가 많다. 바로 그것을 여러분에게 밝히겠다.

우선 인사 평가 방법은 여러 가지가 있다. 그중 현재 일반적인 회사에서는 목표 관리 제도에 따른 '성과 평가'와 직급 또는 등급에 맞춰 기준을 정하는 '능력 평가('행동 평가' 또는 '적성 평가'라고 부르는 회사도 있다)' 중 하나를 채용하는 경우가 많다. 그리고 승진 여부 판단 과정은 어느 회사든 대체로 다음과 같은 순서에 따라 진행된다.

승진 여부 판단 과정

근속 햇수 확인
이 조건을 통과하지 못하면 애초에 승진 후보가 되지 못한다.

인사평가서 확인
승진 후보로 걸맞은지 검토한다.

승진 시험
승진했을 때 필요한 지식이 있는지를 판단해 후보를 걸러낸다.

소논문 심사
실제로는 면접할 때 참고하는 정도다.

승진 면접
각종 기준에 따라 인물을 검증하고 판단한다.

최종 판단
경영진 또는 경영자가 승진 여부를 결정한다.

이 과정은 '후보 선별 → 걸러내기 → 최종 결정'으로 요약할 수 있다. 근속 햇수 및 인사평가서 확인은 '후보 선별' 단계다. 그리고 후보를 '걸러내기' 위해 승진 시험과 소논문 심사, 승진 면접 등을 실시한다. '최종 결정' 단계에서는 사장 혼자 결정하는 경우도 있고, 임원들이 합의를 거쳐 결정하는 경우도 있다. 외국계 기업에서는 임원 중 한 사람이 최종 승인함으로써 결정하기도 한다.

이 과정 가운데 어떤 부분에 중점을 두느냐는 승진을 앞둔 직급에 따라 다르다. 제1장에서도 언급했듯 과장 직전까지의 승진 기준과 과장부터의 승진 기준이 다르기 때문이다.

대리까지는 '인사 평가', 과장부터는 '승진 면접'으로 승진 여부를 결정한다

과장 직전까지는 이른바 '일 잘하는 사람', 즉 인사고과 점수가 높은 사람이 승진한다. 과장 진급을 목전에 둔 대리 이하 일반 사원에게 해당되는 얘기다. 이들은 '일을 잘하는가?'라는 것이 곧 졸업 기준이 되어 평가받는다. 본인뿐 아니라 다른 직원들의 효율성까지 높일 수 있느냐가 판단 기준이 될 때도 많다. 효율성을 높일 수 있다는 건 '일 처리가 빠르다'는 뜻일 수도 있고, '전례에 얽매이지 않고 개혁을 거듭해왔다'는 뜻일 수도 있다. 비즈니스의 최전방인 영업 분야에서 일하는 사람이라면 '매출을 많이 올렸다'는 의미인지도 모른다. 이처럼 단기간에 누구나 인정할 수 있는 결과를 냈다면 대리까지의 승진은 어려움이 없을 것이다.

한편 과장으로 승진할 때, 과장에서 부장으로 승진할 때는 제1장에서 말했듯 '입학 기준'이 중시된다. 그러나 일을 직접 시켜보지 않고는 과장이나 부장에 적합한지 알기가 어렵다. 그래서 관리직으로 승진시킬 때 '승진 면접'을 중시하는 기업이 늘고 있다. 어떤 면접인지는 뒤에서 설명하겠다.

회사에 따라서는 '일을 잘한다'는 사실만으로 과장 승진이 가능하기도 하다. 권한을 부여받지 못한 '이름만 과장'이 많은 경우다. 관리직에게 명확한 권한을 위임하지 않는 회사는 이 단계에도 여전히 '졸업 기준'을 적용하는 것이다. 이때는 '안정적으로 결과를 낸 사람'이 승진한다. 다만 '졸업 기준'을 적용하되 차이점이 있다면, 단기간이 아니라 중장기적인 결과를 본다는 것이다. 앞으로 계속 안정적인 결과를 낼 수 있는지 보는 것이다. 또 이 단계에 이르면, 당연하지만 개인이 아니라 이끌고 있는 조직 전체의 결과를 중요하게 본다는 것도 차이다.

회사에 따라서는 과장에서 부장으로 승진시키는 단계부터 경영진 후보를 발탁하는 경우도 있다. 특히 기능직 부문에서 이런 경향이 강하다. 기능직은 재무, 법무, 인사, IT 등 이른바 회사 전체를 망라하는 업무를 담당한다. 기능직의 경우 부장이 이사까지 쭉 승진하는 일도 많은데, 이는 전문성이 있기 때문이다. 따라서 부장을 선발하는 단계에서 '이 사람은 장래에 이사 후보가 될 수 있을까?'라는 점을 감안해 최종 판단을 내린다.

승진 여부 판단 기준을 속속들이 점검하라

앞서 말한 승진 여부 판단 기준 항목 및 과정을 한 번 더 살펴보면 다음과 같다.

근속 햇수 확인 → 인사평가서 확인 → 승진 시험 → 소논문 심사 → 승진 면접 → 최종 판단

이 중에는 생소한 항목이나 용어도 있을 텐데, 이 기회에 기억해 두기 바란다.

이들 기준을 크게 나누면 '과거를 확인하는 기준'과 '미래를 확인

하는 기준'으로 구분할 수 있다. 먼저 근속 햇수 확인, 인사평가서 확인, 승진 시험, 소논문 심사는 과거부터 현재까지의 능력과 실적을 확인하는 과정이다. 한편 승진 면접은 미래의 가능성을 확인하는 과정이다. 소논문도 주제에 따라서는 미래의 가능성을 확인하는 자료가 된다.

근속 햇수 확인   인사 평가 결과보다 우선시하는 승진 기준으로 근속 햇수를 보는 회사가 있다. 내가 최근 관여한 회사에서는 대부분 폐지했지만, 그래도 아직은 이 기준을 채용한 회사가 많다. 근속 햇수는 인사 평가 결과를 기준으로 승진 판단을 하기 전에 적용한다. 근속 햇수를 적용하는 예는 다음과 같다.

직급 변화	사원 → 주임	주임 → 대리
공통 조건	과거 3회의 평가에서 전부 B$^+$ 이상 받았을 것.	
단서 조건	단, 사원으로 2년 근속한 후부터 기준 산정을 시작한다.	단, 주임으로 3년 근속한 후부터 기준 산정을 시작한다.

이 예의 경우 일반 사원에서 주임으로 승진하려면 '근속 햇수 2년 + B$^+$의 평가 3회'가 필요하므로 실질적으로는 입사 5년째부터 승진 기회가 생긴다. 회사에 따라서는 이 5년(첫 기회에 승진하지 못하면 6년)이라는 숫자를 '표준 근속 햇수'라고 말하기도 한다.

왜 근속 햇수라는 기준이 있는가 하면, 인간은 숙달되면 성장한다고 생각하기 때문이다. '지금 담당하고 있는 직무를 익혀서 만족스럽게 업무를 진행할 수 있게 되려면 최소 ○년은 필요하겠지.'라는 판단이다. 필요 최소한의 수행 기간이라 이해해도 무방하다. 이는 바꿔 말하면 적어도 지금의 업무를 제대로 할 수 있게 된 뒤에 출세의 계단을 오르라는 메시지이기도 하다.

숨겨진 목적도 있다. 근속 햇수는 회사 내 연공서열을 유지하는 기능도 한다. 근속 햇수라는 기준이 있는 회사에서는 아무리 우수한 신입 사원이 입사하더라도 선배를 추월하기가 매우 어렵다. 입사 연차에 따라 회사 내 서열을 유지함으로써 조직의 규율을 지키려는 것이다. 아직 연공에 따른 진급 시스템을 유지하는 회사의 경우, 우수한 사원을 너무 빨리 승진시켜서 선후배 간의 급여가 역전되는 것을 우려한다. 5년 차에 아직 평사원인 선배보다 3년 차에 주임으로 승진한 후배가 더 많은 급여를 받으면 문제가 된다고 생각하는 것이다. 이런 회사에서는 이 근속 햇수라는 승진 기준을 유지하고 있다.

이와 같이 근속 햇수는 연공서열주의를 유지하기 위한 기준인데, 연공서열을 지키기 위해 나아가 이런 방법을 사용하는 회사도 있다. 이 경우에는 '최장 근속 햇수'라는 조건을 다음과 같이 설정한다.

▶ **일반 사원에서 주임으로 승진할 때의 기준**
- 과거 3회의 평가에서 전부 B⁺ 이상 받았을 것.
- 단, 일반 사원으로 2년 근속한 후부터 기준 산정을 시작한다.

- 혹은 평가 결과에 상관없이 일반 사원으로 8년 근속 만료한 시점에 즉시 주임으로 승진시킨다.

요컨대 일을 잘하든 못하든 회사에 오래 다니면 승진시켜주겠다는 규칙이다. 이 역시 최근에는 거의 볼 수 없지만, 당신 회사에 아무리 봐도 일을 잘한다고는 생각되지 않는 사람이 대리까지 승진했다면 이 최장 근속 햇수가 설정되어 있기 때문인지도 모른다.

인사평가서 확인 아마도 이 지표가 사람들이 제일 먼저 떠올리는 승진 판단 기준일 것이다. 이전까지의 인사 평가 결과가 좋은 사람이 승진한다는 것은 대부분이 수긍할 수 있는 기준이다. 그렇다면 인사평가서를 구체적으로 어떻게 승진 판단에 활용할까? 일례를 들어보겠다.

직급 변화	사원 → 주임	주임 → 대리
조건	과거 3회의 평가에서 전부 B⁺ 이상 받았을 것.	과거 2회의 평가에서 전부 A 이상 받았을 것.

인사 평가 결과를 알파벳으로 나타냈는데, 이 경우 'S, A, B⁺, B, B⁻, C, D'로 구분하는 것이 전형적이다. 표준적인 결과를 중간의 B라고 보면 B⁺나 A가 승진 기준이 될 때가 많다.

다만 이와 같이 과거에 연속으로 좋은 평가를 받았을 경우 승진 후보로 삼는다는 기준에는 문제점도 있다. 가령 불운하게도 실수를 한 번 해서 나쁜 평가를 받으면 다시 처음부터 연속으로 좋은 평가를 받아야 승진할 수 있게 된다. 한 번의 실수로 승진이 몇 년씩 늦어지는 일이 벌어지는 것이다. 그래서 회사에 따라서는 승진 기준을 다음과 같이 정하기도 한다.

직급 변화	사원 → 주임	주임 → 대리
조건	과거 4회의 평가에서 B^+ 이상을 3회 이상 받았을 것.	과거 3회의 평가에서 A 이상을 2회 이상 받았을 것.

그 밖의 기준으로는 각 인사 평가 결과를 점수화(S : 5점, A : 3점, B^+ : 2점, B : 1점, B^- : 0점, C : −1점, D : −3점)해서 주임으로 승진할 때는 3점, 대리로 승진할 때는 6점이 필요하다는 식으로 정하는 경우도 있다. 그리고 일단 승진하면 점수는 초기화된다. 과장이나 부장으로 승신시킬 때노 일난은 똑같은 기준을 설정하는 경우가 많나.

승진 시험 승진 시험을 실시하는 회사도 있다. 대개는 공정성을 기하기 위해 사외 연수 기관이 준비한 시험을 이용하지만, 직원이 많은 회사에서는 독자적인 시험을 만들기도 한다. 활용 방법은 '100점 만점에 80점 이상이면 합격'이라는 식이다. 승진 시험을 실시하는 회사에서는 교재와 함께 시험 범위도 제시한다. 학교의 연장 같다는 생각도 드는데, 최근에는 외부 연수와 한 세트로 묶어서 연수 결과를 시험에서 확인하는 동시에 승진 판단에 활용하는 경우도 있다.

승진 시험에 이용되는 것으로는 각종 자격시험이나 토익, 토플 등의 영어 시험이 있다. 이 시험들은 전부 점수로 판단할 수 있다는 점에서 공정성이 높다. 특히 영어 능력이 필수인 분야에서는 최근 6개월 이내의 시험 결과만 인정하는 경우도 많다.

그 밖에 승진 여부 판단 자료로 적성검사를 실시하는 회사도 있다. 다만 적성검사에서 부적절한 결과가 나왔더라도 그 시점에서 즉시 떨어뜨리지는 않으며, 참고 자료로만 삼고 다음 단계를 진행하는 게 일반적이다.

소논문 심사 소논문은 관리직으로의 승진 기준으로 자주 사용된다.

- 우리 회사의 경영 과제에 입각해 향후 3년 동안 주력해야 할 개혁에 관해 논하시오.
- 현재 소속된 부서의 문제점을 명확히 밝히고, 개선 방법을 구체적으로 제시하시오.

이 같은 주제를 주고 이에 대한 회답을 심사한다. 승진 후보는 논문을 쓰느라 골머리를 앓지만, 승진 여부를 판단하는 쪽에서는 사실 예비 심사의 의미로 사용할 때가 많다. 소논문을 제대로 심사하려면 적어도 심사하는 쪽의 눈높이가 동등해야 하기 때문이다. 또 가능하면 심사관 1명이 모든 소논문을 살펴보는 것이 바람직하다. 그런 다음 점수나 평가 등급을 매겨야 하는데, 실제로 그런 수고를 할 수 있는 회사는 거의 없다. 내가 외부자로서 승진 면접을 담당할 때도 소논문 결과가 첨부되곤 하지만, '면접할 때 참고로 삼는 것' 외에는 활용 방법이 별로 없다.

또 소논문은 대필이 가능하다는 문제점도 있다. 대필을 피하기 위해 시험 형식으로 한곳에 모아 놓고 논문을 쓰게 하는 회사도 있으나, 심사를 제대로 하지 않으면 역시 참고 자료 외의 용도로는 활용하기 어려운 것이 현실이다.

승진 면접 일정 직급 이상의 경우 승진 면접을 실시하는 회사가 늘고 있다(승진 후보가 너무 많으면 불가능하지만). 특히 직급 수가 한정된 회사는 부장 승진 판단을 할 때 면접을 중시한다. 공정한 면접을 위해 외부인에게 의뢰하기도 하는데, 그럴 때는 '사정(assessment)'의 형식을 취한다. 면접 기준을 명확히 마련하고 면접 결과를 점수화해 최종 판단에 이용하는 것이다.

면접 및 사정을 할 때는 5가지 정도의 판단 지표를 준비하고 지표별로 점수를 매긴 다음 그 합계로 승진 판단을 한다. 예를 들면 나는 어느 기업에서 과장 승진을 심사할 때 다음과 같은 면접 기준을 사용했다.

- 리더십 : 솔선해서 조직을 이끌 수 있는가?
- 팀워크 : 동료들과 조화를 이루며 일할 수 있는가?
- 책임감 : 결과와 상관없이 조직의 실적을 자기 문제로 생각하는가?
- 자기 계발 : 현재에 안주하지 않고 더욱 성장하려 하고 있는가?
- 후배 육성 : 부하 직원을 행동 특성에 맞춰 지도할 수 있는가?

이 기준들은 대부분 상위 직급에 요구되는 행동이나 능력의 평가 기준이다. 대리로서 훌륭하게 일하고 있는 사람을 단순히 과장으로 한 단계 승진시킬 때 쓰는 것이 아니라, 대리 단계부터 과장급 이상 관리직 또는 경영직에 걸맞은 행동을 이미 하고 있는 사람을 발탁하기 위해 사용하는 것이다. 그래서 면접에서는 인사 평가와 다르게 입학 기준을 적용해 승진을 심사한다. 미래의 가능성을 함께 확인하는 것이다.

당신이 다니는 회사의 승진 면접 기준을 알고 싶으면 과장급 이상인 상사의 인사평가서 양식을 보여달라고 부탁하기 바란다. 그것이 관리직 이상 승진을 위한 입학 기준이다.

승진 면접에서 면접관은 무엇을 검토할까?

내가 담당한 승진 면접 사례를 소개하겠다. 참고로 내가 현재 몇몇 회사에서 임원 및 부장 승진 면접관을 담당하고 있기 때문에 다소 각색이 필요하다.

면접관은 과거의 인사 평가 이력과 소논문, 승진 시험 결과 등을 가지고 면접에 임한다. 이것을 바탕으로 1명당 20~30분 면접을 실시하는데, 면접관이 1명뿐일 경우는 거의 없으며 2~3명이 함께 면접에 참여한다. 다양한 시점에서 후보를 검토하고, 부정의 소지를 없애기 위함이다.

내가 면접을 할 때 특히 주의하는 점이 있다. 후보가 '말하는 마음가짐'을 신용하지 않는다는 것이다. 상대는 과장이나 부장, 혹은 임원 승진 후보로 뽑힌 우수한 인재다. 평소 수많은 부하 직원을 지휘하고, 커뮤니케이션 능력도 우수하며, 실적도 훌륭하다. 그러니까 승진 면접관 앞에 앉아 있는 것이다. 그런 그들에게 "만약 당신이 승진한다면 무엇을 할 생각인지 포부를 들려주십시오."라든가, "당신의 장점과 단점을 간단히 말씀해주십시오." 같은 질문을 한들, 흠잡을 데 없는 멋진 대답이 돌아올 것이 뻔하다.

그렇다면 어떻게 승진 여부를 판단할까? 당신이 나와 면접 보는 일이 없기를 빌면서, 그 비밀을 털어놓겠다. 나는 승진 면접 현장에서 반드시 이 질문을 한다.

"자기 자랑을 한번 해주십시오."

이렇게 물으면 후보의 99% 이상이 "특별히 자랑할 만한 것은 없지만……"이라면서도 무언가 이야기를 꺼낸다. 어색한 분위기를 풀기 위한 질문이라고 생각하는 사람도 있을 것이다.

- 어떤 어려움에 직면한 적이 있다.
- 어려움에 직면했을 때 어떤 생각을 했다.
- 무엇을 어떻게 해서 그 어려움을 극복했다.

이런 이야기를 겸손하면서도 자신 있게 이야기하는 모습을 보면, 역시 승진 후보로 손색없다는 생각이 든다. 나는 면접관으로서 그들의 이야기를 들으며 메모를 한다. 그리고 다음 질문을 던진다.

- "그렇군요. 그런데 그때 그런 행동을 한 이유는 무엇입니까?"
- "그때 행동을 좀 더 구체적으로 설명해주십시오. 무엇을 어떤 순서로 했습니까?"
- "그 행동 뒤에 후속 행동이 필요했을 텐데, 무엇을 했습니까?"

능력은 '마음가짐'이 아니라 '행동'에서 나타난다

사실 "자기 자랑을 한번 해주십시오."라는 질문은 단순히 어색한 분위기를 풀려는 의도로 하는 것이 아니다. '당신이 무엇을 어떻게 해온 사람인지 알려달라'는 본질적 질문을 단도직입적으로 하는 것이다. 여기서 내가 듣고 싶은 건 '마음가짐'이 아니라 '행동'이다.

- 어려움을 어려움으로 파악하기 위해 무엇을 했는가?
- 어려움을 극복하기 위해 무엇부터 시작했는가?
- 어떤 순서로 무엇을 했는가?

그 행동에 대한 이야기를 듣고 승진 후보에게서 '리더십이 있는지', '팀워크를 유지할 수 있겠는지', '책임감이 있는지', '성장을 위해 자발적으로 활동할 수 있겠는지' 같은 판단 기준의 근거를 찾는다.

만약 근거를 찾을 수 있는 행동을 듣지 못했다면 다시 질문한다. 직무경력서를 보면서 "이때 무엇을 했습니까?"라고 묻는다. 목표관리표의 결과를 보면서 "이 목표를 달성하기 위해 부하 직원들을 어떻게 지도했습니까? 구체적으로 무슨 말을 했습니까?"라고 묻는다. 소논문의 내용을 참고하면서 "이 소논문을 언제 어떤 상황에서 썼습니까?"라고, 내용이 아닌 소논문을 쓰기 위해 한 행동을 물어보기도 한다.

이런 질문을 하는 이유는 무엇일까? 자신이 한 행동에 대해서는 거짓말하기가 어렵기 때문이다. "무슨 생각을 했느냐"는 질문에는 쉽게 거짓 대답을 할 수 있다. 소위 '바람직한 대답'이 무엇인지 알기 때문이다. 그러나 행동은 무엇이 정답인지 알기 어렵다. 정말로 그렇게 행동하지 않았다면 거짓으로 하나의 정답을 지어낼 수 있을지는 몰라도, 이어지는 행동을 이야기하는 과정에서 거짓이 발각된다. 실제로 경험한 일이 아니고서는 이야기에 모순이 생기게 마련이다.

클레임 고객을 직접 응대한 과장을 부장으로 승진시키지 않은 이유

어느 승진 후보에게 이런 대답을 들은 적이 있다. 물론 자세한 내용은 생략한다.

"자랑이라고 할 정도는 못 되지만, 항상 고객 만족도를 높이려고 의식적으로 노력해왔습니다."

"구체적으로 어떤 노력을 하셨습니까? 고객 만족도를 높이기 위해 어떤 행동을 했는지 말씀해주시겠습니까?"

"터무니없는 억지를 부리며 클레임을 거는 고객이 있었습니다. 담당자가 감당할 수 있는 수준이 아니었기에 제가 직접 나섰습니다. 회사가 할 수 있는 범위에서 제 개인의 재량으로 성심성의를 다해 대응한 결과, 만족하며 가셨습니다."

나는 이 사람을 떨어뜨렸다. 나와 함께 대답을 들었던 다른 면접관도 마찬가지였다. 기본적으로 면접관들은 채점 전에 서로 의견을 교환하지 않지만, 채점 후에 평가 기준을 맞춰보기는 한다. 면접이 하루에 끝나지 않을 때가 많기 때문이다. 채점 결과를 대조해보니 그 면접관과 나의 견해가 일치했다.

만약 이 사람이 주임이나 대리 승진 후보였다면 승진시켰을 것이다. 과장 승진 후보였더라도 승진시켰을지 모른다. 그러나 그는 부장 승진 후보였다. 나는 그를 이렇게 판단했다.

- 고객 만족을 '높은 곳에서' 실현하는 행동이 보이지 않는다.
- 부하 직원에게 클레임 대응법을 지도하는 행동이 보이지 않는다.

그렇다면 그는 우리에게 어떻게 대답해야 했을까? 애초에 부장 후보쯤 되는 사람이 승진 면접장에서 일개 고객을 응대한 이야기를 하는 것 자체가 틀렸다. 이건 부장 직전의 직위에 있음에도 부하 직원을 키우지 못하고 있다고 고백하는 꼴이기 때문이다.

참고로 이 부장 후보는 최근 3년간 인사 평가 결과가 매우 훌륭했다. 우리가 그를 떨어뜨리자 인사부에서 재차 확인까지 했을 정도다.

"○○○ 씨가 떨어지다니 말도 안 된다고 해당 부서 현재 부장이 이의를 제기했습니다만……."

나는 대답했다.

"그 과장을 다시 한 번 평가해보는 게 좋을 것 같습니다. 아니면 어디까지나 저의 추측일 뿐입니다만, 혹시 매니지먼트 업무를 안 하는 건 아닙니까? 평가자인 저희에게 확인하는 것도 좋지만, 그 부서 부하 직원들을 대상으로 ○○○ 씨에 대한 360도 평가를 실시해보면 어떨까 싶습니다."

결과적으로 그 과장이 경질되거나 하는 일은 없었다. 다만 그 부서 부장이 우리가 떨어뜨린 부장 후보를 높게 평가했던 이유는 밝혀졌다.

그 부서는 한직에 가까운 곳이어서 우수한 인재가 거의 들어오지 않았다. 그래서 부장은 일단 열심히 노력하는 사람을 높이 평가했다. 그리고 열심히 노력하는 그를 자신이 정년을 맞이하기 전에 부장 자리에 앉히고 싶었던 것이다. 그러나 그건 불필요한 배려였다.

한직이라 해도 부장으로 승진하고 싶어 하는 사람은 다른 부서에도 얼마든지 있을뿐더러, 그 부서를 한직으로 만든 원인은 다름 아닌 부장 자신의 매니지먼트 능력 부족이었기 때문이다.

  결국 부장은 정년이 되어 퇴직했고, 내가 떨어뜨린 부장 후보는 다른 부서로 이동했다. 나는 지금도 그 회사에서 부장 승진 사정을 담당하고 있는데, 아직 승진 면접 후보 명단에 그의 이름이 오른 것을 보지 못했다. 그를 성장시키기 위해 평가 결과를 피드백하기도 했지만, 달라지는 건 없었다. 어쩌면 그는 높은 곳에서 비즈니스를 관리하기보다 낮은 곳에서 고객을 직접 응대하고 싶어 하는 사람인지도 모르겠다. 물론 그것도 그것대로 나쁜 선택은 아니다.

S#3 storytelling

부하 직원들에게
나는 어떤 상사지?

"곤도 과장이 좀 심하긴 해."

제1영업과 기타노 대리가 이렇게 말하며 맥주잔을 내려놨다. 덩치 좋은 입사 3년 차 부하 직원 모리는 옆에서 끄덕였지만, 같은 과 아오키 대리는 고개를 가로저었다.

"에이, 심하긴 뭐가 심해? 곤도 과장님은 항상 실적을 올리려고 선두에 서서 죽어라 일하시잖아. 상황이 조금 어려워졌지만, 이런 때일수록 우리가 곤도 과장님을 응원해야 하지 않겠어? 안 그래?"

부드러운 표정으로 웃으며 말했지만 말에는 가시가 돋쳐 있었다. 기타노는 안경 너머로 얼굴을 찡그렸다.

"아오키, 너 좀 꼴사납다."

"진짜 꼴사나운 건 너야. 상사가 승진 경쟁에서 밀렸다고 갑자기 험담이나 하고 말이야."

"바로 그거야. 이제부터는 가토 부장대우의 시대니까 곤도 과장을 버려야 한다고. 무슨 말인지 알겠어? 너는 잘 모르는 모양인데, 사내 정치라는 게 그런 거야."

"나도 그 정도는 알고 있어. 근데 내가 하고 싶은 말은 그게 아니라, 사내 정치가 어쩌네 하면서 어제까지 열심히 칭찬하고 받들던 상사를 헐뜯는 네 심보가 마음에 안 든다는 거야."

"그게 월급쟁이의 숙명이지요."

옆에서 모리가 고개를 끄덕이며 입을 열었다.

"분명히 제 동기는 저번 달에 퇴직했고, 1년 후배도 이미 사표를 내고 다음 달에 그만둘 예정입니다. 제1영업과의 운동부식 분위기에 도저히 적응 못 하겠다는 게 이유라고 들었습니다. 곤도 과장님한테 심한 부분이 어느 정도 있는지도 모르겠습니다."

"모리, 너 말투가 진짜 딱딱하구나."

"어쩔 수 없습니다. 운동부 출신이라서."

"그러고 보니 너, 곤도 과장님 대학 후배지?"

아오키의 말에 모리가 고개를 끄덕였다.

"네. 대학 후배이자, 미식축구클럽 후배입니다. 포지션도 같은 쿼터백이었습니다."

"근데 너 아까 기타노 말에 수긍했잖아. 대체 곤도 과장님을 부정하는 거야, 긍정하는 거야? 어느 쪽이야?"

"저는 운동부 출신이라서 존경하는 곤도 선배님께 지도받는 걸 영광스럽게 생각합니다."

"그러니까 어느 쪽이냐고?"

두 대리가 동시에 다그치자 모리의 표정이 굳어졌다.

"제1영업과의 운동부 스타일에 적응 못 하는 사람이 있는 건 사실이지만, 저는 신경 쓰지 않습니다. 그리고 저는 항상 곤도 선배님을 존경하고 있습니다. 다만 제가 공을 패스해야 할 상대는 열심히 달리고 있는 러닝백입니다. 그 러닝백이 가토 부장대우라면 그렇게 해야 합니다. 이 점에 대해서는 곤도 선배님도 이견이 없으시리라 생각합니다."

"흥!"

아오키가 코웃음을 치며 맥주를 병째 들이켰다.

"운동부 출신은 결국 박쥐들이구나. 결국 '이기는 편이 우리 편'이라는 게 본질 아니야?"

"이기는 게 목적이므로 당연합니다. 문제라도 있습니까?"

"전부 다 문제야. 내가 볼 때는 우리가 곤도 과장님을 지원하면서 공을 패스해가지고 이기도록 돕는 게 정상이라고. 그런데 너희 운동부 출신은 회사만 잘되면 그만이라는 거잖아!"

"그러니까 그게 무슨 문제라도 있습니까?"

"아, 정말! 기타노! 애들 교육 좀 똑바로 시켜!"

"아냐, 그게 아냐. 잠깐 내 말 좀 들어봐."

고개를 젓는 기타노를 보자 아오키는 짜증이 났다.

"아오키, 생각해봐. 곤도 과장은 분명 우리 상사고, 앞으로도 그럴 거야. 하지만 이제 가토 부장대우가 곤도 과장의 상사가 될 거라고. '가토 부장대우' 하면 무슨 생각이 들어?"

"무슨 말을 하고 싶은 거야?"

"두뇌파에 자유분방한 사람. 내 말이 틀렸어?"

"맞아. 곤도 과장님하고는 정반대지."

"바로 그거야. 그러니까 곤도 과징의 운동부 스타일을 계속 따랐다가는 회사에서 눈 밖에 날지도 모른다고. 늦기 전에 운동부 기질을 떨쳐내는 편이 좋지 않겠어?"

"그러니까 그 사고방식이 마음에 안 든다고 아까부터 말하고 있잖아."

"그러지 말고 조금만 더 생각해봐. 분명 우리는 곤도 과장 스타일로 실적을 올리고 있어. 하지만 지금까지 얼마나 많은 부하 직원이 제1영업과를 떠났지?"

기타노의 말에 아오키도 입을 다물었다. 아까 모리가 말한 것처럼 퇴직을 선택하는 사람은 그리 많지 않지만, 부서 이동을 희망하는 사람은 빈번히 나타났다. 특히 아오키의 부하 여직원 3명 모두가 부서이동신청서를 제출했다는 사실을 알았을 때는 충격이 컸다.

아오키의 표정을 살피며 기타노가 말을 이었다.

"솔직히 말하면 나도 우울증에 걸릴 뻔했다고. 곤도 과장처럼 1년 365일 24시간 내내 일하는 건 불가능해. 그러니까 곤도 과장 위로 가토 부장대우가 온다면 재빨리 그쪽 스타일에 맞추는 편이 우리에게나 부하 직원들에게나 좋지 않겠어?"

"그건……."

할 말을 찾지 못해 우물거리는 아오키에게서 시선을 돌린 기타노는 다시 한 번 맥주를 들이켰다. 그러고는 쐐기를 박듯 말했다.

"곤도 과장의 시대는 끝났다고 봐야 돼. 생각해봐. 곤도 과장도 입버릇처럼 말했잖아. '기무라 부장의 시대는 끝났어.'라고 말이야. 이제 곤도 과장이 끝날 차례가 됐을 뿐이야. 그렇게 생각하자고."

Chapter 3

직장에서 출세하는 사람은 시점과 전략이 남다르다

경영진이 되는 방법

관리직에 머무는 사람과 경영진이 되는 사람은 무엇이 다른가?

회사에서 출세의 정점은 두말할 필요도 없이 경영진이 되는 것이다. 집행임원이나 이사 같은 직위에 오르면 정년이 60세가 아니게 되는 기업노 많고, 급여노 크게 오른다.

경영진으로 출세하는 경로는 크게 2가지다. 첫째는 사장으로 대표되는 '제너럴리스트'가 되는 것이고, 둘째는 재무 담당 이사나 정보 시스템 담당 이사로 대표되는 '스페셜리스트'가 되는 것이다.

이 가운데 스페셜리스트로 출세하는 경우 부장 시절까지 받은 높은 평가가 그대로 반영되기도 한다. 스페셜리스트에게는 졸업 기준이 적용되는 경우가 있다는 말이다. 다만 그럴 경우라도 관리 담당 이사 바로 밑에는 재무경리부장, 총무인사부장, 법무부장 등 다수의 직급이 있고, 이 가운데 누구를 다음 관리 담당 이사로 발탁할지 결정할 때는 역시 입학 기준을 적용한다.

그때의 기준은 무엇일까? 일반 직급에서 관리직이 될 때의 입학 기준은 '관리직으로서 행동할 수 있는가?', '관리직 직무를 수행할 수 있는가?'였다. 바꿔 말하면 '일개 직원의 시점에서 조직을 매니지먼트하는 관리자의 시점으로 전환할 수 있는가?'가 판단 기준이었다. 같은 관리직인 과장에서 부장으로 승진할 때도 입학 기준이 적용된다. 상위 직무를 수행하기에 적합한 사람이 승진하는 것이다. 다만 그 변화는 입학 기준이라고는 해도 그다지 크지 않다. 과장과 부장의 직무에 차이가 있을지언정 회사 전체를 놓고 크게 봤을 때 '부림당하는 쪽'이라는 사실에는 변함이 없기 때문이다.

그러나 관리직에서 경영진이 될 때는 시점의 변화가 매우 크다. 몇 가지 사례를 통해 그 변화를 살펴보자.

변화무쌍한 시대,
비전을 제시하는 스페셜리스트가 돼라

어느 회사에 부장이 셋 있었다. A는 기획부장, B는 영업부장, C는 관리부장이었는데, 사내에서는 이들을 '삼인방'이라 불렀다. 세 사람 모두 우수한 인재여서 미래의 경영진 후보로 기대를 받았고, 새로운 경영 체제가 발표되면서 함께 이사로 승진했다.

이때 승진 판단 기준은 사실 졸업 기준이었다. 부장에서 이사가 된 뒤에도 그들의 업무에 큰 변화가 없었다는 게 그 증거다. 그런데 2년 뒤, A는 상무로 승진했고 이후 사장까지 됐다. B와 C는 이사에 머물다 퇴직했다. A와 B, C는 어떤 차이가 있었을까?

B는 분명 우수한 영업부장이었고, 영업이라는 업무를 자랑스럽게 생각했다. 영업이야말로 기업의 본질이라 생각하며 행동했다. C는 관리 부문에만 흥미가 있었다. 그는 "B가 액셀러레이터라면 나는 브레이크다."라고 공언했는데, 실제로 B와 C가 있으면 회사는 원활하게 돌아갔다. 한편 A는 회사의 존재 의의에 대해 끊임없이 고민했다. 말하자면 이런 것들이다.

- 지금의 비즈니스를 계속한다면 회사는 살아남을 수 있을까?
- 애초에 이 회사의 강점은 무엇일까?
- 어떤 고객에게 어떤 서비스를 제공하는 회사여야 할까?
- 경쟁사는 어디에 있을까?
- 지금 눈앞의 경쟁사만 의식해도 괜찮은 걸까?
- 예상하지 못한 업종에서 우리 업계로 진출하는 기업이 나타나지는 않을까?
- 우리 회사가 지금까지 생각지도 않았던 업계로 진출할 수는 없을까?

사실 A가 이사에서 상무로 승진한 타이밍은 업계가 갑작스러운 불황으로 얼어붙었을 때였다. 전임 사장은 자신의 마지막 업무로 거대 구조조정을 단행했는데, 이때 삼인방 가운데 A만 사장과 함께 한 사람 한 사람을 상대로 퇴직 면담을 실시하고 남겨야 할 사람과 내보내야 할 사람을 선별했다.

회사를 다시 성장 노선으로 끌어올리려면 B를 사장으로 앉혀야 했다. 조직의 군살을 빼고 체력을 회복하려면 C를 사장으로 앉혀야 했다. 그러나 최종 선택을 받은 사람은 A였고, 상무 승진은 그를 사장으로 앉히기 위한 준비였다. A가 상식이 바뀐 시대에 전례에 얽매이지 않고 바람직한 방향을 제시할 수 있는 인물이기 때문이었다.

실제로 시장이 순조롭게 성장하는 시대에는 경영진도 순리대로 선정된다. 변화가 적은 시대에는 졸업 기준을 승진 기준으로 삼아야 실패 확률을 낮출 수 있다. 그러나 지금은 변화가 전제가 되는 시대다. 성장과 쇠퇴가 보편적으로 존재한다. 그렇기에 조직의 본질까지 고민하면서 행동해야 한다. 이것은 비단 조직 전체를 이끄는 사장뿐 아니라 졸업 기준으로 판단할 때가 많은 스페셜리스트 경영진에게도 요구되는 사항이다.

스페셜리스트가 아니라면
새로운 전문성을 키워라

디자인 부문에서도 스페셜리스트가 임원이 될 때가 많은데, 나는 그렇지 않은 사례를 목격한 적이 있다.

어느 회사에서 디자인 담당 임원으로 취임한 D는 디자이너로서의 능력은 그리 우수한 편이 아니었다. 그럼에도 회사가 그를 임원으로 발탁한 건 기대하는 바의 성격이 달랐기 때문이다. 회사는 D가 디자이너로서 활약하기보다 디자인 부서를 고객에게 사랑받는 멋진 상품을 디자인하는 조직으로 만들기를 바랐다.

사실 디자이너로서 그다지 내세울 만한 경력이 없던 D는 새로운 전문성을 키우기 위해 마케팅을 공부했다. 그러다 임원이 된 후 마케팅 기술을 구사해 현재 요구되는 디자인과 앞으로 시장을 창출해야 할 도발적 디자인을 구분했고, 각각의 디자인을 계속 만들어내기 위해 인원을 쇄신했으며, 그들에게 결과에 대한 책임은 자기가 지겠다며 도전할 권한을 줬다.

지금 그 회사의 새로운 라인업 상품은 폭발적으로 팔려나가고 있다. 물론 기존 상품군도 예전 고객을 다시 불러 모아 안정적인 수입원으로 탈바꿈했다.

만약 D가 디자이너로서의 전문성을 계속 높였다면 임원이 될 수 있었을까? 2가지 의미에서 어려웠을 것이다. 첫째, D는 디자이너로서는 이류였다. 이것은 그가 자학조로 했던 말만 봐도 알 수 있다.

"솔직히 말하면 제가 한 디자인 중에 완전히 독창적인 건 없습니다. 하나같이 어디선가 본 듯한 것들이지요. 독창적인 디자인을 하는 것이 재능이라고 한다면, 제게는 재능이 없었던 겁니다."

둘째, 디자이너 출신에게 디자인 부문 경영을 맡기면 실패한다는 것이 당시 다른 경영진의 공통된 판단이었다. 그래서 설령 D가 독창성 높은 디자인을 내놓을 수 있는 감각을 갖추는 데 성공해 스페셜리스트로서 대우를 받았더라도 승진은 못 했을 것이다.

어쨌든 D는 디자이너로서 높이 평가받기를 포기하고, 상품의 본질은 무엇인가에 대해 고민했다. 마케팅을 공부하고 전혀 다른 업계의 상품을 공부했으며 비즈니스 모델을 공부했다. 그 결과 디자인 부문에서는 결코 높은 평가를 받지 못했던 그가 승진을 통해 가장 출세하게 된 것이다.

'관리직=매니저, 경영진=리더'라는 공식은 과연 타당할까?

변화가 당연한 시대이기에 경영진에게 요구되는 직무가 달라지고 있다. 일을 잘해서 동기 중 가장 빨리 출세 가도를 달리는 사람이 반드시 경영진이 될 수 있는 건 아닌 이유도 여기에 있다. 그렇다면 그 '직무'란 무엇일까? 관리직과 경영진의 차이를 이해하기 위해 매니저와 리더의 차이를 먼저 생각해보자.

경영학자 존 코터(John P. Kotter)는 매니저와 리더를 명확히 구분했다. 그의 정의에 따르면 매니저는 매니지먼트를 하는 직위다. 여기에는 이런 설명이 덧붙는다.

"매니지먼트란 계획 수립, 예산 책정, 직무 설정, 인재 배치, 실적 측정, 문제 해결을 하는 과정이며, 미래를 예측하면서 조직을 이끌어나가는 직무다."

리더에 관해서는 이렇게 정의했다.

"리더는 조직을 미래로 이끌어나가는 사람이다. 사람들에게 힘을 줌으로써 놀라운 변혁을 이끌어낸다. 따라서 리더십은 비전에 관한 것이며, 찾아온 기회를 재빨리 발견해 효과적으로 활용하는 힘이다."

매니저와 리더의 차이를 이렇게 정의한 학자는 존 코터 외에도 많다. 아브라함 잘레즈닉(Abraham Zaleznik)과 맨프레드 케츠 드 브리스(Manfred Kets de Vries) 등이 그 둘의 차이를 강조한다.

이렇게 정의하면 관리직은 매니저이고, 경영진은 리더라고 생각할 수 있을 것 같다. 그런데 정말 그럴까?

매니지먼트와 리더십은
모든 비즈니스맨에게 필요한 보편적 능력이다

같은 경영학자지만 매니지먼트와 리더십을 구분하지 않는 사람도 있다. 대표적인 인물이 헨리 민츠버그(Henry Mintzberg)다. 그는 "매니저는 리더이기도 하며, 리더는 매니저이기도 하다"고 말했다.

실제로 기업들의 현실을 들여다보면 민츠버그의 견해가 옳아 보인다. 유능한 매니저는 리더십도 발휘할 수 있기 때문이다. 관리직으로 승진할 때의 기준에서도 리더십은 중요한 항목이다. 대부분의 회사는 과장을 차장으로, 차장을 부장으로 승진시킬 때 리더십을 심사한다. 그래서인지 최근에는 맥킨지 같은 컨설팅펌뿐 아니라 일반 기업에서 대졸 신입 사원을 뽑을 때부터 아예 리더십을 채용 기준 삼는 경우가 늘고 있다.

따라서 '관리직의 직무는 매니지먼트를 하는 것, 경영진의 직무는 리더십을 발휘하는 것'이라고 단순화하지 말아야 한다. 특히 관리직에게는 리더십 발휘가 물론 필요하지만, 그에 못지않게 매니지먼트도 중요하다. 때와 장소에 따라 본인이 직접 스페셜리스트로서의 직무를 수행해야 하는 경우도 생긴다.

요컨대 리더십은 비즈니스맨 모두에게 요구되는 보편적 능력이지, 경영진에게만 요구되는 특질도, 굳이 따로 정의해야 할 직무도 아닌 것이다. 현실에서 역시 경영진으로의 승진 여부를 판단할 때 리더십이나 매니지먼트 능력, 전문성 중 어느 하나를 특별히 더 중시하는 경우는 없다.

경영진이 되려면
시점을 한 차원 높여라

그렇다면 경영진의 직무는 구체적으로 무엇일까? 솔직히 그 답을 명확히 정의하기는 어렵다. 기업들의 경영진 승진 판단 기준이 대체로 개념적이라는 게 그 증거다. 명문화되어 있지도 않다. 후보의 이름이 올라오면 현재 경영진이 저마다 그 후보에 대한 기억을 떠올리며 찬성하는지 반대하는지 의견을 표명하고, 그 의견을 집약한 다음 합의를 통해 결정하는 경우가 많다.

명확한 기준을 만들어놓은 회사가 아주 없지는 않다. 그런 회사는 신입 사원부터 경영진에 이르기까지 폭넓게 요구되는 리더십이라는 모호한 개념을 기준으로 삼지 않고, 좀 더 상세하게 기준을 정의한다. 그런 사례를 살펴보자.

어느 회사용으로 책정한 경영진 승진 기준이 있다. 그 회사는 소매업을 중심축으로 다수의 관련 사업을 펼친다. 같은 유통망을 사용해 다른 상품을 파는 업태를 만들고, 상품을 판매하는 또 다른 채널을 만들고, 지역을 단숨에 확장하고, 대상 고객을 좁혀 상품 라인업을 특화하는 등 마치 전략 기획 사례집을 보는 듯한 사업 전개를 계속한다. 기회가 있으면 과감하게 투자해 신규 사업을 시작하고, 3년에서 5년 정도 경과를 본 다음 더 투자할지 철수할지를 판단한다. 이런 사이클을 동시에 몇 개씩 돌리고 있다. 이렇게 도전적인 사업 활동을 펼치고 있기 때문에 신규 사업을 맡길 수 있는 경영진이 많을수록 좋았다. 그래서 특히 성공하고 있는 경영진들의 행동 특성을 분석해 다음과 같은 사정 기준을 설정했다.

▶ **경영진 승진 기준**
- 비전 : '무엇을 위해'를 설명할 수 있는가?
- 전략성 : 현재를 어떤 기회로 파악하고 있는가?
- 승리에 대한 집념 : 담당 영역에서 항상 승리를 의식하고 있는가?
- 비즈니스 모델링 : 수익 창출 비즈니스 구조를 컨트롤하고 있는가?
- 인재 매니지먼트 : 부하에게 직무와 동기를 부여해 자발적으로 행동하도록 만들고 있는가?

이 기준들은 전부 리더십을 구성하는 요소로도 정의할 수 있는 것들이다. 그러나 일부러 세분화해 정의함으로써 이 회사에서 원하는 '리더십의 의미'를 알기 쉽게 표현했다.

참고로 이 회사의 관리직 승진 판단 기준은 다음과 같다.

▶ **관리직 승진 기준**
- 과제 인식 : 현재 과제를 명확한 형태로 제시하는가?
- 목표 달성 : 주어진 목표를 확실히 달성할 힘이 있는가?
- 수치 관리 : 달성 목표 및 업무 효율성을 수치화해 컨트롤하는가?
- 부하 육성 : 부하에게 맡길 업무를 명확히 설정한 후 지도하는가?

관리직의 승진 기준은 경영진의 그것에 비해 내용이 한정적이고 수준도 다름을 알 수 있다. 경영진의 '전략성'이 관리직에서는 '과제 인식'이 됐다. 또 '승리에 대한 집념'은 '목표 달성', '비즈니스 모델링'은 '수치 관리', '인재 매니지먼트'는 '부하 육성'이 됐다. 한편 경영진의 승진 기준은 이것을 하나로 묶는 축으로 '비전'을 설정했다. 비슷하면서도 다른 이 2가지 기준의 근본적 차이는 '시점의 높이'다. 앞에서도 이야기했지만, 시점의 높이 차이는 곧 '부리는 쪽'과 '부림당하는 쪽'의 차이다.

물론 여기서 든 예와 같이 승진 기준을 명확히 설정한 회사는 그렇게 많지 않다. 회사에 따라 기준이 다른 경우도 많다. 그러나 적어도 승리에 집착하지 않는 사람이 사업 책임자가 되는 경우는 없고, 목적을 부여받아야만 활동할 수 있는 사람이 경영진으로 선택되는 일도 없다. 그러므로 이 회사의 예는 경영진으로 출세하고 싶은 사람들에게 좋은 참고 자료가 될 것이다.

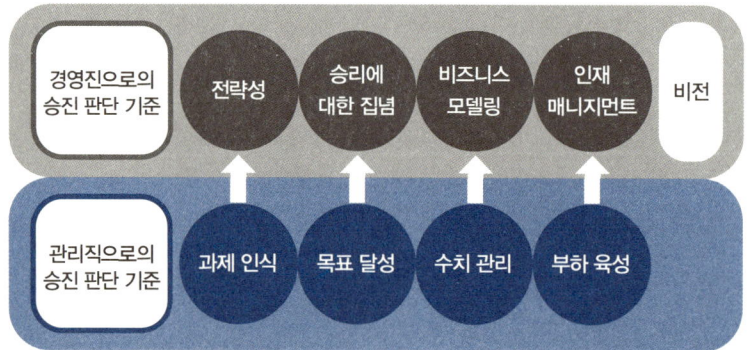

시점의 높이가 경영진이 될 수 있느냐 없느냐를 결정한다
– 어느 회사의 관리직 · 경영진 승진 기준

때로는
행실 바른 사람 대신 문제아가
경영진이 되기도 한다

　기업 인사에 관여하면서 느낀 점을 솔직히 말하면, 이른바 '모럴 해저드(Moral Hazard, 도덕적 해이)'에 속하는 각종 기회주의적 행동을 의도적으로 외면하는 기업도 많다. 가끔 언론의 도마 위에 오르는 '컴플라이언스(법령 준수)'나 '윤리적 행동'은 경영진에게 요구되는 의식이자 행동이지만, 내가 아는 범위에서 컴플라이언스나 윤리적 행동을 승진 기준으로 채용하는 기업은 없다. 경영진으로 승진시킨 뒤 컴플라이언스 연수를 철저히 실시하는 등의 방법으로 행동과 의식을 변혁시키려는 경우는 있지만 말이다.

　물론 권력을 지나치게 남용하거나 성희롱을 하는 인물이 승진 후보가 되는 일은 거의 없다. 굳이 정의하자면 컴플라이언스나 윤리성은 이미 승진 후보가 된 단계에서 선별 기준으로 사용되는 것이다.

- 행실이 바르고 평균보다 우수한 사람
- 특출나게 우수하지만 문제아인 사람

이런 2명의 후보가 있다면 경영진은 후자를 경영진으로 선택하고 싶어 한다. 특히 우수하다고 자부하는 경영진일수록 그런 경향이 있다. 물론 후자가 더 우수하기 때문이기도 하지만, '문제아가 자신을 따르도록 만들고 싶다'는 욕구를 지닌 경영진이 의외로 많다.

어느 기업의 사장은 한마디로 독불장군이다. 사장이 참석하는 회의는 시작 시간도 종료 시간도 정해져 있지 않다. 부장급 이상 전원을 모아 놓고 12시간 동안 마라톤 회의를 하는 경우도 다반사다. 365일 24시간 내내 일하는 슈퍼 하드 워커 사장인 것이다.

그런데 그 회사에서 출세 가도를 달린 사람은 그런 사장에게 자신의 의견을 태연하게 말하는 두 부장이었다. 한 부장은 사내에 멋대로 자신만의 성을 구축했다. 채용 면접을 혼자 담당하며 거의 모든 신입 사원에게 자신과의 상하 관계를 명확히 각인시켰다. 또 다른 부장은 한술 더 떠서, 자기 부서 경비로 사무실을 계약하고 거기에 멋대로 직원들을 배속해 전속 기획 담당자로 부렸다. 정확한 이야기는 못 들었지만, '사장'이라 불렸다는 걸 볼 때 어쩌면 법인 등록까지 했는지도 모른다.

그들은 조직의 일체화나 컴플라이언스 같은 문제는 내가 알 바 아니라는 듯 거리낌 없이 행동했다. 다른 관리직들은 그런 두 사람을 반쯤 포기한 채 방치했다. 물론 사장은 그런 사실이 발각될 때마다 격노했고, 징계 처분을 내리기도 했다. 부장에서 평사원으로 강등시킨 적도 있다. 그러나 결국은 그 두 사람을 이사로 승진시켜 경영의 충주를 담당케 했다. 심지어 "내가 없을 때는 두 사람 중 누군가와 상의하게."라고까지 말했다. 이것은 요컨대 '두 사람이 자신을 닮았기 때문'이기도 했다. 그리고 지시를 올바르게 수행하는 인재보다 그들을 더 크게 신뢰했다.

참고로 그 두 사람에 대한 인사 평가는 양극단을 오갔는데, 평균적으로 보면 다른 관리직보다 인사고과 점수가 낮았다.

출세를 위한 노력은
다이어트와 비슷하다

 이전까지 언급한 것들과 같은 경영진으로의 승진 기준을 알면 그에 맞게 즉시 행동할 수 있을까? 그렇지는 않다. 예를 들어 97페이지에서 언급한 '비전'과 '전략성'이 중요한 기준임을 이해하더라도 구체적으로 어떻게 해야 그것을 몸에 익혀 실천할지는 알기가 어렵다.
 정보 수집을 게을리하지 않으면 비전을 획득할 수 있을까? 전략에 관한 전문 서적을 읽으면 전략성을 높일 수 있을까? 경제지와 시사지를 빠짐없이 읽고, 새로 나온 비즈니스 서적과 전문 서적을 탐독하며, 때로는 강연회나 세미나에 참석해 공부함으로써 시점을 높게 가지고 의식과 행동을 바꿀 수는 있다. 실제 경영진으로 출세한 사람들 중 그런 노력을 한 사람이 많은 건 분명하다. 그러나 이런 것들은 노력을 위한 노력이 되기 쉽다. 노력을 위한 노력에는 강한 의지가 필요하다. 이렇게 어려운 과정 없이도 경영진으로서의 자질을 획득한 사람은 분명 존재한다. 경영진으로 승진하기 위한 기준을 만족할 방법은 의외로 쉽다는 뜻이다.

애초에 승진을 위한 노력이라는 건 다이어트와 비슷하다. 시중에서 유행하는 다이어트 책이 좋은 참고 자료다. 다이어트 방법은 누구나 알고 있다. 적게 먹고 많이 운동하면 된다. 그러나 이런 내용을 단도직입적으로 담은 책은 거의 없다. 방법은 간단할지라도 제대로 실천할 수 있는 사람은 흔치 않기 때문이다. 알면서도 못하는 것이다. 지금 못하는 걸 언젠가 할 수 있게 만드는 건 어려운 일이다. 그래서 다이어트와 직접 관계 없어 보이는 다른 행동을 권한다. '먹은 음식을 수첩에 적자.' '사과는 매일 하나씩 반드시 먹자.' '수면 시간을 늘리자.' 같은 것들이다. 왠지 모두 쉽게 실천할 수 있어 보인다.

이렇게 한다고 해서 실제로 다이어트에 성공할지는 알 수 없다. 다만 실천해서 다이어트에 성공한 사람이 있다고 하니 '그럼 나도 한번 실천해보자'는 생각이 든다. 요컨대 이런 다이어트 책의 본질은 '해야 할 일이 아니라, 할 수 있어 보이는 일을 부각하는 것'이다. 사람은 목표가 손에 닿을 것 같을 때 열심히 노력하기 때문이다.

경영진이 되기 위한 행동도 이와 비슷하다. 공부를 하고 인간관계를 넓히는 게 물론 중요하지만, 그보다 먼저 알아야 할 건 '어떻게' 해야 그것을 쉽게 실행할 수 있느냐다.

경영진으로 출세한 사람들에게 나타나는
공통된 행동 패턴 2가지

나는 당신에게 문제의 본질을 이해하는 것부터 시작하라고 조언하고 싶다. 변화의 시대에 출세할 수 있느냐 없느냐는 결국 본질의 이해에 도달했느냐 아니냐에 달려 있다. 본질 이해에 이르는 방법은 여러 가지가 있는데, 실제 경영진으로 출세한 사람들은 다음의 2가지 모습을 공통적으로 보인다.

- 첫째, 유대를 소중히 여긴다.
- 둘째, 스스로에게 질문을 거듭한다.

이 2가지 행동을 하면 적어도 '비전'과 '전략성', '승리에 대한 집념', '비즈니스 모델링', '인재 매니지먼트' 등의 자질을 자연스럽게 손에 넣을 수 있게 된다. 지금부터 각각을 구체적으로 설명하겠다.

유대가 만들어내는 가치의 본질을 이해하고 행동하라

비즈니스란 새로운 가치를 만들어내기 위한 활동이다. 그렇다면 그 가치는 어디에서 만들어질까? 좋은 제품을 만들면 될까? 세상에 존재하지 않는 서비스를 만들어내면 될까? 혹은 고객이 늘어나 매출이 증가하면 가치도 높아질까? 직원이 자발적으로 활동하면 잉여 가치가 만들어질까?

그렇지 않다. 본질적으로 비즈니스의 가치는 유대를 통해 만들어진다. 예를 들어 제조업은 상품과 고객 사이의 유대를 통해 가치가 생겨난다. 상품도 서비스도 그 자체로는 가치를 만들어내지 못한다. 사람도 단순히 존재하는 것만으로는 가치를 만들어내지 못한다. 다른 누군가가 함께할 때 비로소 가치가 탄생한다.

비즈니스 가치의 본질을 깨달으면 유대를 소중히 여겨야 함을 알게 된다. 가치를 낳는 유대에는 두 종류가 있다.

- 한정된 멤버 간의 강한 유대.
- 열린 관계 안에서의 약한 유대.

경영진을 목표로 삼고 있다면 이 2가지를 간과해선 안 된다. 여기서 가장 강한 유대는 같은 일을 하는 사람끼리의 협력 관계이고, 다음은 관계 부서 간의 협력 관계다. 특히 조직 내의 강한 유대는 동료끼리의 협력 체제나 조직의 상하 관계에 따른 효율적 활동에서 나타난다. 점점 관계성이 떨어지고 유대도 약해지고는 있지만, 그래도 외부와의 유대에 비하면 조직 내의 유대는 강하고 확실하다. 경영진으로 출세하는 사람들은 이 유대를 소중히 여긴다. 단, 회사 동료 아무하고나 관계를 맺으면 되는 건 아니다.

구조조정 대상자와 유대를 다진 구조조정 담당자

이 장의 첫머리에서 소개한, 기획부장에서 상무가 된 A를 예로 들어보자. 그는 먼저 전임 사장과의 유대를 강화했다. 물론 이것뿐이었다면 그저 상사에게 아첨하는 사람일 수도 있다. 그러나 그는 구조조정의 대상이 된 사람들과도 깊은 유대를 맺었다. 나도 구조조정을 위한 면접에 동석한 적이 있는데, 면접 후 그는 이렇게 말했다.

"요시히로 씨도 자주 말씀하셨죠? 퇴직자는 회사의 거울이라고요. 행복하게 퇴직한 사람은 그만둔 뒤에도 회사의 팬이 되어준다. 그래서 행복한 퇴직자가 많은 회사는 눈에 보이지 않는 재산을 보유한 것과 같다고요. 그건 이번 구조조정에도 똑같이 해당되는 말이라고 생각합니다. 어쩔 수 없이 그만두게 해야 하는 그들을 우리 재산으로 만들지 못한다면 구조조정을 하는 의미가 없지 않겠습니까?"

요즘 보기 드문 흡연자인 그는 흡연실에 갈 때마다 의식적으로 그곳에 있는 사람과 이야기를 나눴다. 또 항상 회사 내 어딘가에서 누군가와 이야기 중이었기 때문에 자기 자리에 앉아 있는 시간이 거의 없었다. 상대가 너무 바빠 대화할 시간을 따로 내기가 어려울 때는 함께 걸으면서 잠시나마 이야기를 나눴다. 회의를 열어 참석시키는 방법도 있지만, 그는 그렇게 하지 않고 상대를 직접 찾아갔다. 이렇게 해서 그는 회사에서 중요한 사람들과의 대화량을 점점 늘려나갔다.

대화 내용은 대부분 사소한 잡담 아니면 자신이 지금 무엇을 어떻게 생각하고 있느냐는 것이었다. 그는 그런 대화를 꾸준히 해나갔다. 물론 삼인방의 일원인 B, C와도 대화를 많이 나눴다. 때로는 대립하기도 했지만, 대체로 본질이 어디에 있는지를 토론했다.

앞서 디자인 부문 임원이 됐다고 소개한 D는 이런 이야기를 했다.

"디자이너라는 사람들은 자기보다 실력이 뛰어난 디자이너의 말이 아니면 받아들이지 않습니다. 그런데 저는 아시다시피 실력이 형편없는 디자이너잖아요. 그러다 보니 임원이 되기는 했지만 아무도 제 이야기를 들어주려 하지 않았습니다. 그래서 저는 그들이 저와 이야기할 가치가 있다고 생각하도록 행동했습니다. 그들이 동경하는 유명 디자이너들과 대화할 수 있는 자리를 만들어준다든가, 그들이 일하기 좋은 환경을 만들어주는 식으로 말이죠. 요컨대 저와 상담하면 어떻게든 문제를 해결할 수 있다고 생각하도록 만들었어요. 그렇게 해서 저라는 리더를 받아들이고 '이 양반이 하는 말이라면 일단 들어볼까?'라고 생각하도록 만들어나가고 있습니다."

D의 말처럼 그는 자기 부서 내 사람들과의 유대를 철저히 강화했다. 업무 진척 상황을 긴밀하게 확인하면서 한 사람 한 사람이 자주성을 높일 수 있도록 동기부여할 방법을 모색했다. 진급이나 상여금 조정이 필요하면 인사 부서와 직접 담판을 지었으며, 일과 사생활의 균형을 위해 솔선해서 휴가를 내고 재택근무를 하기도 했다. 이 같이 그는 자기가 관리하는 조직을 가장 강력한 디자이너팀으로 탈바꿈시키고자 최선을 다했다.

더 나아가 D는 고객과의 유대도 강화했다. 시간 관계상 상품 판매 현장을 직접 찾아갈 수 없는 대신, 각 상품 부문과의 연계를 강화해나갔다. 각 부문의 계획 책정 및 진척 상황 확인을 위한 미팅에 동석해 어떤 상품이 어떻게 팔리고 있는지를 귀담아 들었다. 이렇게 디자이너들이 싫어하는 일을 솔선해서 맡아 한 것은 디자이너들의 신뢰를 얻는 데도 도움이 됐다.

강한 유대와 약한 유대를 형성하는 각각의 방법

"인재(人材)는 곧 인재(人財)입니다. 그래서 저희 회사는 인사 평가에 차이를 두지 않습니다. 모두를 똑같이 대우해서 직원들의 생활을 보호하고 있습니다."

이렇게 말하는 사장이 있다. 직원들은 분명 중요한 존재다. 그러나 이것은 직원을 어린아이나 깨지기 쉬운 물건처럼 다루라는 말이 아니다. 때로는 스트레스를 줘야 하고, 성장하지 못하는 사람에게는 가혹하게 대응할 필요도 있다. 앞에서 이야기한 부품으로서의 역할과는 정반대의 관점인데, '부품으로서 확실한 직무를 주고, 부품으로서 활동하는 일의 중요성을 일깨우며, 더 좋은 방향으로 변화하기 위해 자발적으로 노력할 동기를 부여하는 것'이 핵심이다. 바로 이것이 그 사장이 말한 직원을 재산으로 다루는 방법이다.

그리고 시장 수준에 걸맞게 보수를 충분히 줘서 직원들 각자의 가치를 일깨워준다. 경영진 입장에서 강한 유대를 만들어내는 활동은 바로 직원 한 사람 한 사람에게 자신이 유일무이한 존재임을 일깨우는 것이다. 관리직에서 경영진으로 출세하는 사람들은 이런 강한 유대를 소중히 여긴다.

한편 강한 유대와 더불어 약한 유대를 모을 수 있다면 가치를 만들어내기가 더욱 용이해진다. 비즈니스에서 약한 유대가 있다는 것은 '내가, 혹은 우리 팀이, 혹은 우리 회사가 무엇을 할 수 있는지를 많은 사람이 아는 상태'를 가리킨다. 가령 회사 안에서 동료들이 적어도 당신의 이름을 알고 있는 상태, 회사 밖에서라면 당신의 이름은 물론 당신 회사가 무엇을 할 수 있는지를 사람들이 알고 있는 상태다. 이런 상태를 만들면 당신이 구축한 강한 유대가 낳는 가치를 더욱 높일 수 있다.

디자인이 아무리 탁월한 제품이라도 시장에 알려지지 않으면 활용되지 않는다. 훌륭한 상품이나 서비스도 마찬가지다. 고객에게 알려지지 않으면 선택받지 못한다. 톱 세일즈(경영진이 직접 판촉 활동을 벌이는 것-옮긴이)나 마케팅의 성패는 결국 경영진이 약한 유대를 얼마나 보유하고 있느냐에 달려 있다. 설령 눈앞의 지인이 당신과의 유대를 중시하지 않더라도 그 지인과 연결되어 있는 다른 사람에게 알려질 계기를 계속 만들 수만 있으면 된다.

미국의 사회심리학자 스탠리 밀그램(Stanley Milgram)의 이론처럼 세계는 생각보다 좁아서 여섯 다리에서 일곱 다리만 거치면 누구와도 연결될 수 있다. 그러나 애초에 누군가와 연결되어 있지 않다면 그 계기를 만들기는 불가능하다.

실제로 경영진으로 출세한 사람의 행동을 보면 그들은 먼저 외부 거래처와의 관계를 소중히 여겼다. 공인회계사나 세무사, 변호사, 컨설턴트 같은 전문직 종사자와의 관계를 소중히 여기는 사람도 있고, 거래처와 허물없이 지내는 사람도 있다. 동종 업계는 물론 타 업계 종사자와의 교류를 소중히 여기는 사람도 있다. 그들 모두를 소중히 여겨야 한다는 말은 아니지만, 적어도 그런 관계를 소홀히 하지 않는 사람만이 약한 유대를 다수 손에 넣을 수 있다.

스스로에게
질문하는 습관을 가져라

경영진으로 출세하는 사람들이 공통적으로 하는 또 하나의 행동은 질문이다. 그것도 스스로에게 끊임없이 질문한다.

주변에 질문할 수 있는 상대가 있다는 건 행복한 일이다. 직급이 낮을 때는 질문할 수 있는 상대가 얼마든지 있다. 그러나 승진할수록 질문할 수 있는 상대가 줄어든다. 최종적으로 사장이 되면 질문 가능한 상대가 주위에 거의 남지 않게 된다.

- 이 투자를 진행해야 할까?
- 어떤 상품을 개발해야 할까?
- 누구를 채용하고 누구를 승진시켜야 할까?

누구에게도 이런 질문을 할 수가 없다. 경영자의 직무는 '신과 대화하는 것'이라고 말하는 이유가 바로 여기에 있다. 그 신은 자신의 철학이고 윤리이며, 이상과 경험의 틈새에 있다. 아무튼 경영자는 상담할 수 있는 상대가 없기에 스스로에게 질문을 계속하는 것이 중요하다.

'임원 코칭(Executive Coaching)'이라는 것이 있다. 이때 코치는 경영자의 질문에 직접적인 답을 제공하지 않는다. 그 대신 스스로 답을 깨닫도록 돕는다. 참고로 '임원'이라는 접두어가 붙지 않는 '코칭'을 관리직의 직무로 요구하는 회사도 늘고 있다. 이것 역시 부하 직원의 질문에 정답을 가르쳐주는 것이 아니라 부하 직원이 스스로 깨닫도록 이끄는 기술이다.

경영자가 아닌 사람에게도 스스로에게 하는 질문은 매우 중요하다. 스스로에게 질문할 수 있는 사람은 사기 힘으로 배우고 변화하며 성장할 수 있기 때문이다. 그럼으로써 어려움이 닥쳐도 다시 일어설 수 있게 된다. 기회가 찾아와 무언가를 얻는 대신 무엇인가를 버려야만 할 때 올바른 선택을 할 수 있게 된다. 본인이 생각해서 결정하는 내발적(內發的) 동기를 획득할 수 있게 되는 것이다.

'어떻게?'가 아니라
'왜?'를 생각한다

지금까지 내가 본 사람들은 관리직에 있을 때부터 지나칠 정도로 스스로에게 질문을 거듭했다. 그런데 그 질문은 '어떻게?'가 아니었다. 그들의 질문은 항상 '왜?'였다. 물론 그들은 대부분 분위기 파악도 잘하기 때문에 이제 곧 결론이 나려고 하는 상황에서 "그런데 애초에 왜 그렇게 해야 하지요?"라는 질문을 던져서 회의를 원점으로 되돌리거나 하지는 않았다.

결론이 거의 다 나온 시점에 '왜?'라는 의문을 입 밖에 꺼내는 경향은 오히려 출세 못 하는 사람들에게서 많이 볼 수 있다. 그들은 주위 사람들을 자기 가치관에 억지로 끼워 맞추려 하기 때문이다.

출세한 사람은 마지막에 '왜?'라는 의문이 들면 스스로에게 먼저 질문을 던진다. 그리고 나름의 답을 이끌어낸다.

'왜?'라는 의문의 답을
동료들과 공유한다

어느 회사에서 인사 제도 개혁을 마치고 사원설명회를 개최했을 때 있었던 일이다. 설명회를 시작하면서 인사 제도 개혁을 담당했던 인사부장이 입을 열었다.

"애초에 왜 인사 제도를 개혁했는지, 여러분은 아십니까?"

회사 측이 '의욕 향상'이나 '조직력 활성화'를 위해 인사 제도를 개선한다고 말해도 직원들은 '일 못하는 사람을 자르려는 거겠지.'라든가 '결국 나이 많은 사람들이 이득 보는 거 아냐?'라고 생각할지 모른다. 그런 상황에서 과감하게 '왜?'라는 질문을 던진 것이다. 그는 다시 말을 이었다.

"저는 이렇게 생각합니다. 10년 뒤, 20년 뒤에도 이 회사가 계속 남아 있기 위해서라고요. 이번 인사 제도 개혁으로 이익을 보는 사람도 있고 손해를 보는 사람도 있습니다. 굳이 밝히자면 저는 손해를 보는 쪽입니다. 연봉과 퇴직금 등을 포함한 금전적 면에서 조금이지만 손해를 봅니다. 현재 50세 이상인 사람 중 대략 30%가 저처럼 손해를 봅니다. 50%는 별 차이가 없고, 20%는 조금 이익을 봅니다. 35세에서 50세 사이는 손해 보는 사람이 10% 정도이고, 이익 보는 사람이 30%쯤 됩니다. 한편 35세 이하인 사람은 전원이 수혜자입니다.

10년 뒤가 되면 현재 25세인 사람은 35세가 됩니다. 35세인 사람은 45세가 되지요. 이 10년 동안 그들이 이익을 보게 하고 싶습니다. 성공 경험을 쌓게 하고 싶습니다. 노력하면 보상받는다는 사실을 깨닫게 하고 싶습니다. 회사는 공정하며, 일하는 것이 삶의 보람이 된다는 사실을 알게 하고 싶습니다. 그렇게 해서 10년이라는 세월 동안 현재 35세 이하인 사람들이 이 회사를 좋은 직장이라고 생각하게 된다면 회사는 그 뒤로 10년 이상 존속하며 성장할 수 있습니다.

이것이 제가 프로젝트 책임자로서 생각해온 '이번 인사 제도 개혁을 왜 하는가?'라는 의문에 대한 답입니다."

그가 스스로에게 항상 질문한 것에 대한 나름의 답이기도 했다.

이 연설이 끝난 뒤 새로운 인사 제도에 대한 설명회는 매우 원만한 분위기 속에서 진행됐다. 설문조사 결과도 긍정적인 반응이 대부분이었고, 특히 35세 이하 그룹의 반응이 좋았다.

그리고 5년이 지난 현재 시점에서 그 회사는 애초 사업 계획을 대폭 웃도는 성장을 이뤘다. 여담이지만 이 회사 인사부장은 얼마 후 이사가 됐고, 지금은 상무로 활약하고 있다. 결과적으로 그는 인사 제도 개혁 이후 손해를 보지 않게 된 셈이지만, 이것을 문제시하는 사람은 아무도 없다.

일과 사생활을
구분하지 마라

경영진으로 출세한 사람들의 특징 중 하나가 '평가를 신경 쓰지 않는다'는 점이라는 이야기를 이 책의 첫머리에서 했다. '평가를 신경 쓰지 않는다'는 말은 곧 타인의 평가를 신경 쓰지 않는다는 의미이기도 하지만, 생각해야 할 점이 또 있다. 여기에서 말하는 평가는 '인사 평가'이기 때문이다.

단순히 타인의 평가를 신경 쓰지 않을 뿐이라면 마이페이스(My Face, 다른 사람의 말이나 행동에 휩쓸리지 않고 자기 스타일대로 밀고 나가는 사람, 어떤 상황에서든 늘 자기 페이스를 유지하는 사람을 가리키는 일본식 영어 표현-편집자)라 이해해도 무방하다. 그러나 그 평가가 인사 평가라면 이야기가 조금 달라진다. 인사 평가 결과는 진급과 급여, 상여금에 직접적인 영향을 주기 때문이다. 요컨대 평소 생활과 직결되는 중요한 존재인 '돈'에 영향을 준다는 말이다.

보통 인사 평가는 1년에 한두 번 실시하고, 그 결과를 바탕으로 인사 측면의 여러 가지 처우를 결정한다. 대표적인 항목이 임금 상승분이다. 이것을 기준으로 상여금을 결정하기도 한다.

사실 인사 평가 외에도 임금 상승분을 결정하는 요소는 또 있다. 지금은 많이 줄어들었지만 나이도 그 기준 중 하나다. '연령급'이라는 요소를 채용한 회사에서는 인사 평가 여부와 상관없이 나이를 한 살 더 먹기만 해도 급여를 수백 엔에서 수천 엔 정도 더 준다. 연령에 따른 임금 상승분은 대개 소액에 그치지만 말이다.

그 밖에 가족 수에 따라 지급하는 가족 수당도 실질적으로는 임금 상승분이며, 개근 수당 역시 연령 수당과 마찬가지로 인사 평가 결과와 관계없이 결정되는 급여다. 다만 지금은 이런 수당들을 폐지한 기업이 많으므로, 아직 이런 수당을 받고 있다 해서 그것을 당연하게는 생각하지 않는 편이 안전하다.

어쨌든 정말로 인사 평가를 신경 쓰지 않으려면 돈을 대하는 자세가 매우 중요해진다. 당신 주변 인물 중 마이페이스처럼 행동하면서 자유롭게 사는 사람들을 떠올려보기 바란다. 대부분은 돈 걱정이 없는 사람 아닌가? 부자 집안에서 태어났거나 부모가 경제적으로 도움을 주거나 금융 자산 또는 부동산을 보유하고 있으면 평가를 신경 쓰지 않는 상태가 되기 쉽다.

이렇게만 생각하면 태어난 환경이 출세 여부를 결정한다는, 지나치게 노골적인 결론에 이르고 만다. 그러나 혜택받는 환경에서 태어나지 못했지만 출세하는 사람은 많다. 아니, 오히려 주변 환경의 덕을 보지 못한 사람일수록 큰 성공을 거두고 있는지도 모른다. 그런 사람들의 공통점은 '일과 사생활을 구분하지 않고 산다'는 것이다.

'일과 사생활의 구분이 없다'는 말의 의미

나 역시 유복한 집안에서 태어난 건 아니다. 지금도 기억이 생생한데, 대학을 졸업하고 외국계 컨설팅펌에 취직해 상경했을 때 처음 살았던 집에는 냉장고도 에어컨도 없었다. 살 돈이 없었기 때문이다. 이사할 돈조차 없이 대학 사진부 시절에 사용했던 카메라 기재들을 팔아 마련했고, 이불 등을 쑤셔 넣은 낡은 소형 자동차를 몰고 꼬박 하루 걸려 도쿄에 도착했다. 고속도로를 이용했다면 더 빨랐겠지만 고속도로 통행료가 부담스러워 국도를 이용한 탓에 그렇게 오래 걸린 거였다. 낮에는 아오야마의 현대적인 사무실에서 일하고, 밤에는 낡은 연립주택에서 창문을 열어둔 채 시내의 소음을 들으며 떨이로 산 도시락을 먹었다.

내가 그런 상황에서도 돈이 없다는 사실을 신경 쓰지 않고 그저 눈앞의 일에만 집중할 수 있었던 이유는 "지금부터 자네들은 컨설턴트로서 새롭게 태어날 것이다."라는 말을 들었기 때문이다. 그 전후를 포함해 내가 들었던 말을 요약하면 이렇다.

"학창 시절 자네들의 신분은 대학생이었겠지. 클럽에서는 부원, 집에 돌아오면 가족의 일원이고 말이야. 고등학교 시절 동기에게는 친구, 연인이 있다면 서로에게 애인, 만약 결혼했다면 남편 또는 아내겠지. 물론 그보다 앞서 인간이고 말이야.

하지만 지금부터는 이것들을 전부 잊어버리도록 해. 자네들은 지금 컨설턴트가 됐어. 그러니까 컨설턴트라는 생물로 바뀌었다고 생각하는 거야. 인간이자 컨설턴트가 아니야. 컨설턴트이자 인간이지. 인간이기에 앞서 컨설턴트란 말이야. 친구이기에 앞서 컨설턴트, 애인이기에 앞서 컨설턴트, 가족의 구성원이기에 앞서 컨설턴트란 말이지. 그렇게 새로 태어났다고 생각하라고. 인간에서 컨설턴트로 바뀌었다는 말은 모든 것이 성장의 밑거름으로 바뀌었다는 뜻이야. 컨설턴트는 끊임없이 성장하는 생물이니까. 기쁨도 괴로움도 전부 자네들을 키우는 밑거름이 되지. 만약 자네들이 눈앞의 상황을 성장의 밑거름으로 삼지 못한다면 아직 진정한 컨설턴트가 되지 못했다는 뜻이야. 그럴 때마다 컨설턴트라면 어떻게 할지를 생각해보도록 해."

제1장에서 이야기했듯 지금은 이 말이 나를 부품으로서 일하게 만들기 위한 방편에 불과했음을 알고 있다. 그러나 당시의 내게는 커다란 정신적 버팀목이자 삶의 축이었다. 언뜻 들으면 마치 악덕

사이비 종교나 블랙기업 같지만, 결과적으로 내게 좋은 영향을 미친 훌륭한 회사였기에 고마움을 담아서 이 문장을 적었다. 그러니 당신도 부디 그렇게 읽어주기 바란다.

일과 사생활을 구분하지 않는 삶의 방식이 가져다주는 이점

일과 생활을 구분하지 않는 삶의 방식이 가져다주는 이점은 무엇일까?

첫째, 온 힘을 다해서 일하므로 낮은 평가를 받을 확률 자체가 낮아진다. 만약 전력으로 일에 몰두했는데도 평가가 낮다면 적성에 맞지 않는 직업인지도 모른다.

온 힘을 다해 일하는 것은 참으로 즐거운 일이다. 아침에 눈을 떠서 잠들 때까지 모든 것이 일과 연결된다. 거리를 걷는 것도, 텔레비전을 보거나 인터넷 서핑을 하는 것도, 친구와 노는 것도, 애인과 즐거운 한때를 보내는 것도 전부 일에 도움을 준다. 오히려 '도움이 된다'는 손익계산적 생각은 희박해지고, 모든 것이 더 나은 삶을 위한 성장의 준비로 연결된다고 생각하게 된다. 그리고 그 결과 회사 내에서의 평가가 좋아지면 급여가 늘어나며 돈에 대한 걱정도 줄어든다.

둘째, 스트레스가 줄어든다. 걷고 있는 사람에게 달리는 것은 스트레스가 된다. 그러나 항상 달리는 사람에게는 반대로 걷는 것이 스트레스가 된다. 스트레스의 원인은 변화다.

나는 스트레스가 원인이 되어 우울증에 걸린 어떤 사람의 이야기를 들은 적이 있다. 젊었을 때부터 남편 없이 혼자 세 아들을 키운 어머니였다. 아들들은 훌륭히 성장해 좋은 직장에 취직했고, 참한 반려자도 각자 얻었다. 그리고 집을 새로 지은 큰아들이 그녀에게 함께 살자고 제안했다. 물론 그녀는 거절하지 않았고, 큰아들 가족과 아무 불편 없이 살았다. 둘째 아들과 셋째 아들도 근처로 이사를 왔다. 참으로 이상적인 노후를 보내는 듯 보였다.

그런데 그녀는 심각한 우울증에 걸렸다. 담당 의사는 예상하지 않았던 행복의 연속이 그녀 마음의 균형을 무너뜨렸음을 깨닫고 조금씩 안정시키는 방향으로 치료를 진행했다고 한다.

이 일화는 행복도 변화이므로 스트레스의 원인이 됨을 보여준다. 무엇이든 변화가 적을수록 스트레스는 줄어든다. 분명 과도한 노동이나 다른 사람들과 다른 생활 방식은 스트레스의 원인이 된다. 그러나 이런 것도 익숙해지기만 하면 스트레스가 되지 않는다.

가령 초밥집 주방장에게 이른 아침 시장으로 재료를 사러 가는 것이 스트레스가 될까? 그가 프로페셔널로서 살고 있다면 스트레스를 받지 않을 것이다. 스트레스는 변화가 일어날 때 만들어지므로 그것을 규칙적인 일상으로 만들면 스트레스가 되지 않는 것이다.

자기만의 기준을 세워
일과 사생활을 만끽하라

"일과 사생활의 구분이 없으면 인사 평가를 신경 쓰지 않게 된다"고 말하면 오히려 그 반대가 아니냐고 생각하는 사람도 있을 것이다.

'평가를 신경 쓰지 않고 일한 결과 낮은 평가를 받으면 일도 생활도 엉망이 되지 않을까? 모든 일에 의욕이 사라지지 않을까? 인사 평가가 낮아지면 급여도 줄어드니 모든 것이 엉망이 되지 않을까?'

이렇게 생각할 수도 있을 것이다. 분명 이 방법에는 위험성도 있다. 일과 사생활을 구분하지 않고 일하는 건 이른바 블랙기업에서 일하는 것과 상당히 비슷한 측면이 있기 때문이다. 실제로 일과 사생활의 균형이 무너질 위험성이 높다. 사생활이라는 말이 삶에서 죽은말이 돼버리면 설령 자신은 괜찮더라도 주위 사람들이 괜찮지 않을 수 있다.

그래서 출세한 사람들은 이를 대비해 안전망을 설치한다. 어느 회사의 사장이 된 사람은 아내 될 사람과 교제를 시작하기에 앞서 평일에는 집에서 식사하지 않겠다고 미리 선언했다. 결혼을 하고 아이가 태어나 성장한 지금도 그는 평일에 집에서 식사를 하지 않는다. 그 대신 주말에는 절대 일하지 않고 가족과 함께 보낸다. 일과 사생활을 아울러 규칙적인 일상을 만들어낸 것이다.

이 같은 예는 얼마든지 있다. 요는 가족이나 친구 등에게 자신이 일하는 방식을 이해시키는 것이다. 이렇게 해서 타인이 볼 때는 정상이 아닐지 몰라도 자신만의 기준으로 사생활을 만끽하고 있다.

당신 주위의 출세한 사람에게 한번 물어보기 바란다. 성공한 사람일수록 자신의 사생활에 만족하고 있을 것이다.

가족 또는 친구와의 약속은
비즈니스상의 약속과 동급으로 중요하다

일과 사생활을 아울러 규칙적인 일상을 만들기 위해 가족이나 친구에게 당신의 방식을 강요하며 무조건적인 협력을 바라라는 것이 아니다. 가족 또는 친구와 당신 사이에는 강한 유대가 있다. 당신은 그 유대가 비즈니스에 직접적인 가치를 만들어내지 못한다고 생각할지 모르지만, 사실은 매우 큰 영향력을 발휘한다.

사생활에서의 강한 유대는 가까운 사람들이 당신을 인정하고 이해하며 기대하게 한다. 그리고 이것은 당신이 일하는 데 강한 원동력이 된다. 실질적인 예를 들 수도 있다. 출세한 사람들 자녀의 대학 진학률을 분석해봤더니 부모의 학력과 자녀의 성적에는 유의미한 상관관계가 없었고, 오로지 자녀가 대학에 진학하기를 진심으로 바라는 부모일수록 자녀의 대학 진학률이 높았다. 기대가 사람을 움직인 것이다.

그렇다면 가족과 친구에게 당신에 대한 이해와 기대를 요구하기에 앞서 해야 할 일이 있다. 당신이 먼저 그들을 이해하고 그들에게 무언가를 기대하는 것이다. 이때의 기대란 당신의 일을 이해해줄 것에 대한 일방적인 기대가 아니다. 그들과 함께하는 사적인 시간과 사생활의 행복에 대한 기대다. 구체적으로 말하면 가족이나 친구와 한 약속을 비즈니스상의 약속과 같은 수준으로 소중히 여기면서 그들과 같이 보내는 시간을 마련하는 것부터가 시작이다. 도저히 빠질 수 없는 회의와 마찬가지로 가족과의 식사 약속을 중요하게 여기자. 반드시 성공시켜야 하는 프레젠테이션과 마찬가지로 최선을 다해 친구와 즐거운 휴일을 보내자.

이처럼 사생활에서 구축한 강한 유대는 다른 강한 유대와 마찬가지로 커다란 가치를 낳는다. 그러므로 비즈니스상의 강한 유대와 동등하게 의식하며 소중히 여겨야 한다.

이제부터 말이 되지 말고 기수가 되라고?

동기 모임에 오라는 제의를 가토가 흔쾌히 승낙하자 곤도는 오히려 마음이 불편했다. 평소에는 불러도 안 왔기 때문이다.
'그 녀석 나름대로 나를 배려해서 승낙한 거겠지.'
이렇게 생각하자 자신이 배려받아야 하는 처지가 된 것 같아 처량한 마음마저 들었다.
동기 모임 멤버는 본사로 돌아온 가토, 시스템 과장 이케다, 작년에 동종 업계의 타 회사로 이직한 시미즈였다.
"어쩌다 보니 내가 추월하게 됐다. 미안해."
건배 후 가토가 이렇게 말하자 곤도는 오히려 긴장이 풀렸다.
"대체 뭘 어떻게 한 거야? 좀 가르쳐 줘봐."
이케다가 농담조로 진지하게 묻자, 가토는 팔짱을 끼고 고개를 갸웃거렸다.
"솔직히 나도 그걸 모르겠단 말이지. 나는 당연히 곤도가 승진할 줄 알았거든."

"나도 그렇게 생각했다고."

동기끼리기에 털어놓을 수 있는 본심에 가토도 웃고 이케다도 웃었다. 곤도도 덩달아 웃었다. 그러면서 맥주잔을 높이 들어 한 잔을 추가 주문했다.

테이블에 둘러앉은 네 사람은 신입 사원 시절부터 지금까지 15년 동안의 추억을 안주 삼아 즐겁게 술을 마셨다. 시시껄렁한 잡담도 나눴고, 과거사 폭로도 이어졌다. 이렇게 그들은 막차 시간이 코앞으로 다가올 때까지 이야기꽃을 피웠다.

어느덧 가게 문 닫을 시간이 되어 밖으로 나왔을 때는 찬바람에 한기가 느껴졌다. 따뜻한 낮과 달리 밤의 차가운 공기는 지금이 가을임을 실감나게 해줬다.

곤도는 가토를 만나면 자신에게 무엇이 부족한지 물어보려 했다.

본사 복귀와 승진을 축하해주려고 동기 모임을 마련한 게 아니었다. 기무라 부장을 만난 뒤 곤도는 그의 말이 머릿속에서 지워지지 않았다. 마치 바닥이 보이지 않는 바다에서 허우적대고 있는 기분이었다. 그러나 물어보지 못했다. 이케다가 질문했을 때 은근슬쩍 함께 물어봤으면 됐을지도 모르지만, 도저히 말이 입 밖으로 나오지 않았다. 가토와 이케다는 막차를 타기 위해 짧은 인사만 남기고 바쁘게 뛰어갔다.

'오랜만에 혼자서 어디라도 들러볼까?'

이렇게 생각하는데 누군가가 배를 가볍게 찔렀다. 시미즈였다. 몸집이 작고 말수가 적은 그는 입사 이래 인사 외길을 걸었고, 다른 회사로 옮겨 인사과장이 됐다. 그런 시미즈가 곤도의 얼굴을 올려다보고 있었다.

"한잔 더 하고 가자."

누가 먼저 이 말을 꺼냈는지는 기억나지 않는다.

뒷골목의 허름한 스낵바에서 곤도는 결국 울음을 터트렸다. 시미즈는 아무 말 없이 위스키를 술잔에 따르고는 천천히 들이켰다.

"대체 내가 뭐가 부족한 거지?"

곤도는 화장실에서 세수로 기분을 전환하고서야, 드디어 이 말을 할 수 있었다. 체구가 작은 시미즈는 수염을 쓰다듬으면서 곤도의 얼굴을 정면으로 응시했다.

"넌 윗사람들한테 너무 고분고분하단 말이지……. 평가 때문에 그렇겠지만."

그 말에 곤도는 말문이 막혔다. 시미즈의 말은 분명 사실이었다. 그러나 오랫동안 운동부 기질이 몸에 밴 곤도로서는 당연히 그래야 한다 생각했고, 그래서 그렇게 행동했다.

'그게 문제였단 말인가?'

"지금부터 한 달 동안 의식적으로 윗사람의 말을 거역해봐. 그리고 부하 직원들의 제안을 둘 중 하나는 들어주고 말이야."

"그랬다가는 내가 발붙일 곳이 사라질 텐데? 윗사람한테 어떻게 대들란 말이야? 게다가 내 밑에 있는 애들은 아직 애송이들이야. 걔네 의견을 받아주는 건 도저히 무리라고."

"너 출세하고 싶은 거 아니었어? 아니면 혹시 평가만 잘 받으면 그걸로 만족하는 거야?"

성년에서 날아오는 시미즈의 말에 곤도는 다시 말문이 막혔다.

'그 둘이 같은 의미가 아니란 말인가?'

"위에서 볼 때 넌 참 우수한 말이야. 하지만 말이라는 건 길들여서 타고 다니는 존재일 뿐이지. 말하고 함께 걷고 싶어 하는 사람은 없어. 그러니까 출세하고 싶으면 네가 말이 아니라 기수임을 증명해야 해."

"그거하고 상사에게 대드는 거나 부하들의 의견을 들어주는 거하고 무슨 관계가 있지?"

"글쎄, 내 말대로 한번 해봐. 네가 먼저 바뀌어야 주위도 바뀌는 거야. 그리고 한 달 뒤에 이 가게에서 다시 만나자. 다음에 뭘 해야 할지는 그때 가르쳐줄게."

40대부터의 과장직 10년이 이후 회사 인생을 결정한다

경력 재검토 시기

진짜 승진 경쟁은 과장이 되는 순간부터 시작된다

　과장에서 부장, 부장에서 경영진으로 승진하는 것이 직장인들이 생각하는 일반적인 출세다. 그러나 그 외의 선택지도 있다. 과장이 된 사람 모두가 부장이 되기는 애초에 불가능하다. 집행임원이나 이사의 문은 더더욱 좁다.

　그래서 아예 회사 내에서의 승진 대신 회사 밖에서 다른 출세의 길을 선택하는 사람도 있다. 어쩌면 앞으로는 그쪽이 오히려 더 당연해질지도 모른다. 한정된 자리로 승진하는 출세가 아니라, 자신의 강점을 살려 '나답게 살기 위한 출세'를 지향하는 것이다. 승진을 통한 출세나 자기다운 삶을 누리는 출세나 금전적·사회적으로 큰 차이가 없는 경우도 있다.

그렇다면 그 둘 중 한쪽을 선택하는 시점은 언제일까? 과장직에 있을 때, 나이로 치면 40세 무렵이다. 바로 이때가 자신의 경력 검토를 시작할 타이밍인 것이다.

요즘은 40세 이전에 과장이 되는 사람이 늘고 있다. 외국계 기업이나 벤처기업에서는 20대 후반에 과장급이 되는 경우도 있다. 출세 속도가 느린 공무원 등도 최근에는 30대 후반부터 과장급으로 발탁되는 사례가 많다. 이것 역시 세계화가 진행됨에 따라 조직 내 변화가 심해졌기 때문이다. 젊은 사람을 싼값에 부려 먹고 나이 많은 사람에게 많이 배분하는 연공서열 시스템을 유지할 수 있는 기업은 점점 줄고 있다.

인간도 동물인 이상 뇌와 근력 모두 정점을 맞이한 뒤에는 쇠퇴한다. 나이와 활동 능력의 상관관계를 분석한 결과에 따르면, 업종이나 직종에 따라 다르기는 하지만 인간은 35~45세일 때 활동 능력이 최고조에 이른다고 한다. 그래서 가급적 이 시기에 많이 활약하도록 35~40세 직원을 관리직으로 등용하는 기업이 늘고 있다.

그렇다면 그 뒤의 출세는 몇 살 정도에 하게 될까? 일본에는 '토픽스 코어 30(Topics Core 30)'이라는 주가지수가 있다. 매년 9월에 교체되는 30개 기업의 주가를 기준으로 한 지수인데, 시가총액과 유동성이 특히 높은 기업이 선정된다.

나는 2014년 7월에 선정된 30개 기업의 이사 380명을 대상으로 그들의 승진 연령을 확인해봤다. 그 결과, 부장 승진 평균 연령은

50.6세, 이사 승진 평균 연령은 54.1세였다. 이는 곧 '40세 무렵 과장이 된 뒤 10년 동안이 부장 또는 경영진으로 승진할 수 있느냐 없느냐를 결정한다'는 의미다.

사장 56명으로 대상을 좁혀 평균 승진 연령을 살펴보기도 했다. 그들의 부장 승진 평균 연령은 50.4세, 이사 승진 평균 연령은 51.0세, 사장 승진 평균 연령은 55.6세였다. 사장이 된 사람들은 부장 승진과 거의 같은 시기에 이사로도 승진했다. 그리고 그로부터 4~5년 뒤에 사장이 됐다. 요컨대 부장으로 승진한 시점에 거의 사장 후보가 된 상태였다는 말이다.

그러므로 과장급 40대부터 시작되는 10년이라는 시간은 부장이 될 수 있느냐 뿐 아니라 그 회사에서 사장 또는 사장에 가까운 경영진이 될 수 있느냐가 결정되는 시기이기도 하다.

부장 승진 못 하면
직급정년이 기다린다

만약 과장인 채로 50세가 됐다면 어떻게 될까? 제일 먼저 직면하는 것은 직급정년이다. 인사 전문지 〈노정시보(勞政時報)〉에 따르면 일본에서 직급정년을 도입한 기업의 비율은 30~40%다. 그리고 과장의 직급정년 평균 연령은 56세다. 직급정년이 되면 그때부터 단계적으로 급여가 삭감된다. 일본 대법원에서는 직급정년 후의 급여 삭감이 위법이라는 판결을 내린 바 있지만, 실제로는 삭감하는 회사가 많다.

그렇게 60세가 되면 정년퇴직 후의 재고용이 기다린다. 일본 후생노동성의 2013년 '고연령자의 고용 상황 집계' 결과에 따르면 중소기업은 5개 중 4개, 대기업은 10개 중 9개 회사가 재고용 시스템을 채용하고 있다. 그 밖의 회사들은 정년 연장이나 정년 폐지를 채용하고 있다. 재고용 뒤에는 기존 급여의 10~40%를 삭감한다.

이런 사실을 급여 측면에서 간단히 말하면, 55세 전후(회사에 따라서는 50세)를 정점으로 급여가 줄어든다는 뜻이다. 아무리 인사 평가를 좋게 받더라도 정점이 지난 뒤에 급여가 올라가는 일은 거의 없다. 한숨밖에 나오지 않는 시스템인 것이다.

하지만 그렇게 하지 않으면 기업이 존속할 수 없기 때문에 어쩔 도리가 없다. 일본 전체 인구에서 고령자의 비율이 늘어남에 따라 기업이 사회보장 재정을 부담하고 있다. 원래 회사는 비즈니스 모델을 통해 가치를 만들어내는 성질이 가장 강하지만, 요즘은 사회의 공기(公器)라는 성격까지 요구된다. 게다가 앞으로 정년 혹은 재취업의 상한선이 65세를 넘어 70세, 75세가 될 가능성도 높다. 그렇게 되면 회사 측은 고령자를 짐으로 느끼면서도 급여를 지급할 수밖에 없다. 한마디로 회사와 노동사 모두 행복한 미래를 상상하기가 어려운 상황이다.

설령 과장 생활 10년 이내에 부장으로 승진하더라도 곧이어 경영진이 되지 못하면 상황은 그다지 달라지지 않는다. 부장직의 평균 직급정년은 56.4세로 과장과 차이가 거의 없기 때문이다. 부장이라 해서 60세 정년을 피할 수 있는 것도 아니다. 그 후에는 역시 재고용이 기다리고 있으며, 오히려 과장보다 부장 경험자의 급여 삭감 폭이 크기 때문에 힘든 생활이 기다린다.

과장급에서 두 갈래로 나뉘는 경력 방향성
– '우수한 부품'의 미래에는 직급정년이 기다리고 있다

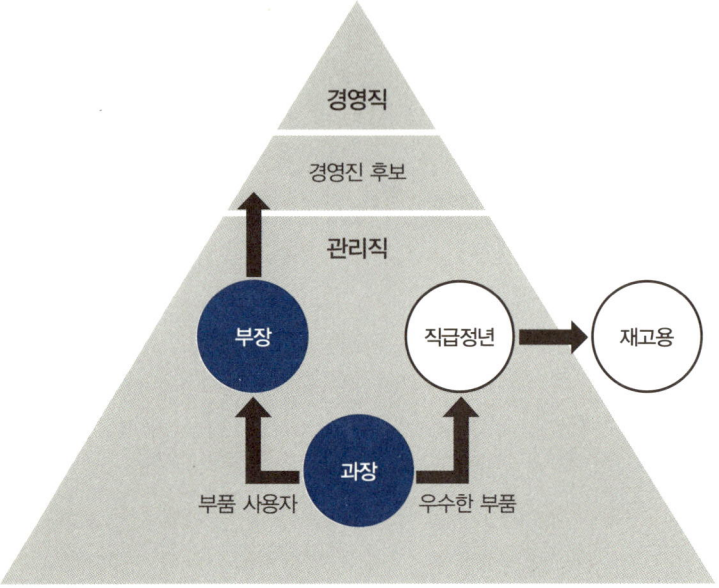

경영진까지의 승진이 목표라면
우수한 부품이길 포기하라

인사 평가 기준을 이해하고 능력을 키워 훌륭한 성과를 내면 과장까지는 승진할 수 있다. 승진은 곧 사회적 성공과 같은 의미를 지니며, 소득도 늘어나고 생활도 안정된다. 그렇다면 과장이 된 뒤에도 전과 똑같은 방식으로 일하는 게 바람직할까?

대개 회사 생활 시작 후 15~20년쯤 됐을 때 과장이 된다. 이는 회사라는 조직 속에서 사업의 일부를 담당할 수 있는 전문성을 갖췄다는 의미다. 영업이든 사무든 어떤 역할을 맡아 책임질 수 있을 만큼의 우수성을 획득했기에 과장이 된 것이다. 냉소적으로 보면 부품으로서의 우수성을 획득했다고 할 수 있다.

그러나 지금까지 설명했듯 과장이 된 뒤에는 부품으로서의 우수성을 더 높이더라도 부장이나 경영진이 될 수 없다. 평균 10년 정도의 유예 기간 동안 경영진으로서의 자질을 획득하고자 노력해야 한다. 과장이 될 때까지 쌓은 경험 이상의 것을 획득해야 한다는 말이다. 결코 편한 길은 아니다.

물론 부품으로서의 우수성을 계속 높이는 것도 이점은 있다. 인사 평가 결과가 좋아지기 때문이다. 인사 평가 결과가 좋아지면 급여도 오르고 상여금도 많이 받을 수 있다. 회사라는 공동체 안에서 존재 가치도 높아질 것이다. 물질적으로도 정신적으로도 이점이 있으므로 인사 평가를 의식하며 활동하는 게 나쁜 건 아니다.

그러나 과장이 된 시점에 장차 경영진 승진까지 목표로 삼은 사람은 기존 출세 기준이 통용되지 않음을 빨리 깨달아야 한다. 부품으로서의 우수성을 측정하는 기준에 따라 일한들 출세할 수 없기 때문이다. 그래야 자연스럽게 인사 평가 결과를 신경 쓰지 않게 된다.

과장에서 부장으로 승진하는 사람은
2.7명 중 1명

그렇다면 과장이 된 뒤에는 모두가 경영진의 시점을 갖고 부장이나 경영진으로 승진하려 노력해야 할까? 다수의 사람이 그렇게 노력해서 각자 성장한다면 그들 중 탄생할 새로운 경영진의 수준도 높아질 것이므로 회사로서는 분명 이익일지 모른다. 그러나 모두가 상위 직급으로 승진하기란 애초에 불가능하다.

실제로 회사에서 과장과 부장의 비율은 어떻게 될까? 일본 후생노동성의 2013년 '임금 구조 기본 통계 조사' 결과 가운데 직원이 100명 이상인 회사로 한정해서 살펴보면 과장의 비율은 29.2%(약 3명 중 1명), 부장의 비율은 12.7%(약 8명 중 1명)다. 과장 2.7명 중 1명만 부장이 될 수 있다는 뜻이다.

경영진 인원은 몇이나 될까? 경영진에는 이사와 감사 그리고 엄밀히 말하면 직원이지만 실질적으로는 경영진인 집행임원이 포함된다. 일본 감사역협의회의 2013년 집계 결과 가운데 이들의 평균 인원수는 집행임원 10.85명(집행임원 제도를 도입한 기업의 비율은 57%), 이사 7.81명, 감사 3.26명이다. 이들을 전부 더해도 21.92명, 약 22명이다. 이를 통해 부장이 된 뒤에 이사 승진을 노리는 것이 얼마나 어려운 일인지 알 수 있다.

참고로 경영진의 인원수는 기업 규모와는 거의 상관없다. 직원이 100명인데 이사가 5명이나 있는 회사가 있는가 하면, 직원이 1만 명이나 되지만 이사는 10명밖에 없는 회사도 있다.

어쨌든 이같이 과장이 된 모든 사람이 더 높은 직급으로 출세하겠다는 목표를 세우고 노력하더라도 모두가 그 목표를 이룰 수는 없다. 그래서 직장인에게 그런 삶의 방식 '만' 지향해야 한다는 말은 도저히 못 하겠다. 그런 선택은 리스크가 너무나 크다. 이후 제6장에서 직장 내 승진 외의 선택지를 제시하는 이유도 그런 리스크가 있기 때문이다.

10세 이상 어린 사람과의 경쟁을 낳는
탤런트 매니지먼트의 흐름

승진을 위한 경쟁 환경이 변화하고 있다. 제1장에서 설명한 '랭크오더 토너먼트'의 원칙이 무너지기 시작한 것이다.

현재 인사 부문의 뜨거운 화젯거리 중 하나로 '탤런트 매니지먼트'가 있다. 회사의 어디에 어떤 사람이 있는지 가시화해 인재 육성과 최적 배치로 연결하자는 인사 매니지먼트 시스템이다. 이때 가시화하는 것은 인사 평가 결과만이 아니다. 각각의 직원이 어떤 일을 하고 있는지, 누구와 일했는지, 구체적으로 어떤 성과를 냈는지 등을 통계적으로 처리해 가시화한다.

탤런트 매니지먼트의 목적 중 하나는 경영진 후보의 조기 발탁이다. 30세 전후부터 차세대 경영진 후보를 선발해 키우기 위한 시스템으로서 기대를 얻고 있다. 이는 50세에 부장이, 54세에 이사가 되는 일본의 평균 연령으로는 세계를 무대로 싸울 수 없기 때문이다.

이와 관련해 최근 어느 글로벌 기업의 사장은 인사 부문에 특별 지시를 내렸다.

"35세의 사업 책임자(집행임원)를 만드시오."

그 이유는 간단하다. 사장 자신이 모임에서 외국의 동종 업계 타사 사람들을 만났을 때 위화감을 느꼈기 때문이다. 외국 회사에서는 30대에서 40대 초반인 사업 책임자가 함께 왔는데, 자사의 사업 책임자들은 평균 연령이 50세였다. 다른 회사의 사업 책임자 또래의 자녀가 있을 정도로 나이 차이가 나는 경우도 드물지 않았다. 게다가 다른 회사의 사업 책임자들은 젊기에 적극적이고 전례에 얽매이지 않았으며 두뇌 회전과 행동이 빨랐다. 그 사장은 이 모습을 보고 이래서는 경쟁에서 이길 수 없음을 절감한 것이다.

앞에서 소개한 직무주의 인사 제도도 기본적인 방향성은 이와 같다. 가장 크게 활약할 수 있는 35세 전후의 인재를 경영진으로 발탁하는 것이다. 활약을 기대하는 만큼 급여도 많이 준다. 그것도 1,000만 엔 수준이 아니라 2,000만 엔이나 3,000만 엔의 연봉이다. 그런 인사 제도를 만들지 않으면 세계 무대에서 활약하는 회사들과 경쟁조차 할 수 없는 상태가 되었음을 깨달은 것이다.

탤런트 매니지먼트가 보급되면 경영진 발탁 시기가 20대, 혹은 아예 채용 시점으로 앞당겨진다. 신입 사원 시절부터 이미 '부품으로서 우수해질 것만을 요구받지 않는 사람'이 늘어날 것이라는 말이다. 그들은 22~24세부터 경영진 후보로서의 시점을 가지고 행동할 것을 요구받게 될 것이다. 그런 사람들과의 경쟁은 그야말로 전례가 없는, 다른 차원의 느낌일 것이다.

과장 이상 진급 못 해도
출세는 할 수 있다

회사 안에서 승진을 목표로 노력하더라도 과장 이상 진급하기는 매우 어렵다. 경쟁 상대도 같은 세대가 아니다. 10세, 20세 어린 젊은이가 경쟁 상대가 될 것이다.

물론 그 경쟁은 토너먼트를 계속한다는 것이다. 그러나 그건 이미 랭크오더 토너먼트가 아니다. 같은 직급(랭크) 안에서 토너먼트가 진행되지 않기 때문이다. 예전에는 상상도 못 했을 만큼 젊은 사람이 상위 직급으로 발탁될 때도 있고, 회사 외부의 동종 업계 또는 타 업계에서 인재를 영입하는 사례도 늘어났다. 큰 실수를 저질렀거나 장기 휴직을 해서 토너먼트에서 탈락했다고 생각했던 사람 중 최적의 인재가 선발되는 경우도 있다.

그렇다면 과장이 된 뒤에는 승진에 대해 냉소적이 되어야 할까?

'어차피 회사 인생은 과장이 정점이야. 그러니까 부업이나 시작하자. 아니면 금융 투자나 부동산 투자라도 하자. 회사에서는 대충 일하고 부업에 주력하는 거야.'

과연 이것이 현명한 삶의 자세일까? 물론 그렇게 사는 방법도 있을 것이다. 그런데 이건 왠지 공허한 느낌이 든다. 지금까지 기껏 키웠던 경력을 반쯤 포기하고 다른 길을 선택하는 것은 과거의 자신을 부정하는 느낌마저 든다.

부장이나 경영진으로 승진하지 않아도 과거 경력을 살리면서 '출세'하는 길은 있다. 옛날에는 회사 내에서 승진하는 것이 출세의 전부였다. 하지만 지금은 다른 선택지가 늘어났다.

다음 장부터 제2의 경력 설계 방법을 제시할 것인데, 이는 단순히 회사에서 좀 더 쉽게 활약하기 위한 것이 아니다. 앞으로 찾아올 직급정년이나 정년퇴직 후 재고용 타이밍 등에 회사에 남아 버티는 것 이외의 선택지를 획득하기 위한 방법이자, 자기답게 살기 위한 미래도(未來圖)를 그리는 방법이다. 그리고 그 키워드는 '인적자본(이 책에서 사용한 인적자본의 의미는 권말에 좀 더 자세히 언급한다)'이다.

40대는
제2의 경력 출발점

2012년 7월 '40세 정년제'라는 대담한 정책 제안에 일본 전체가 바짝 긴장한 일이 있었다. 일본 국가전략회의가 국가의 장기 비전을 발표하면서 내놓은 제안 가운데 하나다. 그 후 일본의 경제학자이자 도쿄대학원 교수인 야나가와 노리유키(柳川範之)는 《일본 성장 전략 40세 정년제》라는 책에서 '40세 정년제'에 대해 더욱 상세한 해설을 덧붙였다. 그 책의 요점을 발췌하면 다음과 같다.

40세 정년제는 40세가 되면 무조건 해고하자는 발상이 아니다. 대략 20년의 사이클로 자신이 앞으로 어떻게 일하며 살지 다시 생각할 시간을 갖고, 이를 위해 '정년'이라는 개념을 도입하자는 것이다.

40세가 되어서도 그 회사에서 일하는 것이 자신의 경력에 도움이 된다면 계속 일한다. 그러나 다른 길로 가는 편이 좋다고 생각하면 다른 길을 선택한다. 이것을 정년제라는 형태로 모든 회사가 보편화하면 40세 시점의 이직 활동이 당연해진다. 지금처럼 중·노년이 된 뒤에 이직하기가 어렵다는 문제도 해결된다. 이런 시스템을 국가 차원에서 제도화하자는 것이 바로 40세 정년제다. '일하려는 의욕만 있으면 20~40세, 40~60세, 60~75세에도 일할 수 있도록 방침 전환을 용이하게 한다'는 이 발상은 회사 측의 변화하는 인사 제도와도 잘 부합하는 현실적인 생각이다.

그러나 지금까지 설명한 인사 제도의 실상을 이해했다면 평균적으로 과장이 되는 40세 무렵의 경력 변화가 당연한 일임을 이미 인지하고 있을 것이다. 신입 사원으로 사회인 인생을 시작한다고 보면 과장은 그 반환점이다. 설령 과장이 되지 못했다 해도 40세라는 나이는 자신의 성공 경험이나 기술을 재검토하고 인생을 새롭게 생각해보기에 좋은 타이밍이다. 이것은 현재 일본 정권이 추진하고 있는 새로운 제도이기 이전에 이미 우리 앞에 놓인 현실이다.

거듭 언급했듯 과장이 되기 전과 후는 회사 내에서의 평가 기준이 다르다. 노력해야 할 포인트도 다르다. 그 사실을 깨달은 사람은 승진을 통해 직장인으로서 출세하는 것이고, 깨닫지 못한 채 주어진 업무에만 몰두하는 사람은 일에 만족하면서도 결국 직급정년이나 정년퇴직 후 재고용 대상이 되는 것이다. 이제 당신도 여기까지는 이해했으리라 믿는다.

부입이나 자산을 늘리는 활동에 주력하는 걸 막을 생각은 없다. 다만 지금까지 기껏 쌓아온 경력을 더욱 발전시킬 방법이 분명 있음을 알리고 싶다. 신입 사원 때와는 달리 제2의 경력을 시작하는 시점의 당신은 이미 몇 가지 무기를 가지고 있다. 그 무기를 어떻게 사용해야 할지, 어떻게 성장시켜야 할지 다음 장들에서 알아보자.

직장 생활 15년 만에 처음으로 소신껏 주장을 펼치다!

회의실이 일순간 정적에 휩싸였다. 평소 온화한 사람으로 알려진 영업부 출신 미타 상무의 목소리가 거칠어졌기 때문이다. 회의용 원형 테이블을 사이에 두고 미타 상무 앞에 앉은 곤도는 다시 한 번 입을 열었다. 말하려는 순간 목구멍이 말라붙었음을 깨달았지만, 간신히 힘을 쥐어짜내 갈라진 목소리로 아까와 똑같은 의견을 말했다.

"상무님, 외람된 말씀이지만 중점 상품을 변경하려면 최소 2주는 필요합니다. 설령 영업부를 총동원한다 해도 거래처에 배포할 팸플릿을 다시 인쇄하기에는 시간이 모자랍니다. POS 시스템에 등록할 때 시스템 부서의 협력도 필요한데, 그쪽은 지금 새로운 경리 시스템 프로젝트 때문에 일손이 달립니다. 그래서 이번 주에는 도저히 뭘 부탁할 수 있는 상황이 못 됩니다."

"누가 그걸 몰라? 그래도 어떻게든 하라는 거잖아! 이건 명령이야!"

거칠게 책상을 내리친 미타 상무의 주먹이 부르르 떨고 있었다. 그 기세에 옆에 있던 다른 영업과 과장들과 부장들은 겁을 먹고 움츠러들었다. 미타 상무 옆에 앉아 있는 가토만 태연한 표정으로 노트북 화면을 들여다보고 있었다.

"무리입니다."

곤도는 다시 한 번 단호하게 말했지만, 등줄기를 따라 식은땀이 흘러내렸다. 지금까지 곤도는 상사 면전에서 반대 의견을 낸 적이 한 번도 없다. 부장 자리는 공석이었고, 부장대우인 가토는 의사 결정을 윗사람에게 전부 맡기고 있었다. 그러니까 미타 상무는 곤도의 실질적인 직속 상사였다. 예전의 곤도라면 그런 하늘 같은 존재에게 반론을 제기한다는 건 꿈에도 있을 수 없는 일이었다. 그러나 이제 와서 자기가 한 말을 도로 집어삼킬 수는 없는 노릇이었다.

애초에 겨울 시즌 중점 상품은 여름 시즌 전에 이미 결정되어 있었다. 영업부 전체가 하나가 되어 준비에 만전을 기해왔고, 거래처에서도 그 상품에 큰 기대를 걸고 있었다. 그런데 어젯밤, 미타 상무가 갑자기 상품 변경을 지시했다. 밤늦게까지 남아 부하 직원들의 업무를 점검하던 곤도를 찾아와서는 본 적도 없는 거래처의 제품 팸플릿을 책상에 내려놓으며 이렇게 말했다.

"나하고 친한 회사여서 말이지. 이번 시즌 중점 상품을 이걸로 바꿔주게."

갑작스러운 지시에 곤도는 어안이 벙벙했다. 예전의 그라면 어떻게든 지시에 무조건 따랐을 것이다. 그러나 이번에는 두 대리를 불러 의견을 들어보기로 했다. 아오키와 기타노. 두 사람은 이구동성으로 말했다.

"말도 안 됩니다."

"불가능해요."

부하 직원이 부정적인 의견을 말하면 곤도는 본능적으로 분노를 느낀다. 그런데 이번에는 애써 기분을 가라앉히고 다시 한 번 곰곰이 생각해봤다. 머릿속 어딘가에 시미즈가 했던 말이 남아 있었기 때문이다.

"부하 직원의 의견을 둘 중 하나는 들어줘봐."

공교롭게도 두 사람 모두 같은 의견이었다. 둘 중 하나도 아니고, 둘 모두 같은 의견이라면 이건 거부해야 할 지시였다. 게다가 미타 상무의 행동을 다시 떠올려보니 수상한 점도 몇 가지 있었다.

'왜 업무 시간이 아니라 밤늦게 몰래 찾아왔을까? 왜 하필 나를 찾아왔을까?'

곤도는 이와 관련해 다른 과장에게 조용히 확인까지 마쳤다. 확인 결과 미타 상무는 곤도가 담당하는 지역에만 중점 상품 변경을 지시했고, 다른 지역에는 예정된 상품을 전개하라고 지시했다.

'나라면 시키는 대로 할 거라고 생각한 건가? 내가 그렇게 우스운 존재였나? 내가 아니라 가토를 부장대우로 앉혀놓고는 이런 식으로 나온다 이거지……?'

"무슨 말씀을 하셔도 이번 달에는 절대 불가능합니다. 다음 달 상품 중 일부를 교체하는 정도라면 어떻게든 맞춰보겠습니다만……."

"그러면 너무 늦는다고! 알았어. 자넨 그만 됐네! 다른 과 중에 대신 맡아줄 사람 없나?"

잠시 침묵이 흘렀다. 손을 드는 사람은 아무도 없었다. 그 모습을 보고 미타 상무는 벌떡 일어나 두 손으로 테이블을 힘껏 내리쳤다.

"다들 다음 인사 평가 때 좋은 점수는 꿈도 꾸지 마!"

온화한 사람인 줄만 알았던 미타 상무의 격노에 가토를 제외한 영업관리직 직원들은 전부 고개를 들지 못했다. 아니, 여전히 단호한 표정으로 미타 상무를 바라보고 있는 곤도까지, 단 두 사람만 머리를 꼿꼿이 들고 있었다.

"……상무님. 드릴 말씀이 있는데, 이따가 시간 좀 내주실 수 있습니까?"

화를 삭이지 못하고 있는 미타 상무에게 가토가 말을 걸었다.

"좋은 이야기겠지?"

"회사에는 좋은 이야기입니다."

"흠……."

"그럼 중점 상품은 예정대로 진행하는 것으로 하고 영업 회의를 마치겠습니다."

가토가 회의를 마무리하며 노트북을 덮자 영업관리직들은 재빨리 일어나 도망치듯 회의실을 빠져나갔다. 곤도도 서류를 정리해 문으로 향하려다 문득 가토를 바라봤다. 그러자 가토는 주먹을 쥐고 엄지손가락을 치켜들었다. 일순간 마주친 시선도 "잘했어."라고 말하는 듯했다.

하지만 곤도는 마음이 편치 않았다. 설마 목이 날아가는 사태까지야 일어나지 않겠지만, 승진은 고사하고 과장 자리조차 위험할지도 몰랐다. 시미즈는 인사 평가를 신경 쓰지 말라고 했지만, 실제로 평가 점수가 내려갈 것 같은 행동을 해보니 남는 건 후회뿐이었다.

'내 회사원 인생은 과장에서 끝이란 말인가?!'

이렇게 생각하니 가토에게 졌을 때보다 기분이 더 암울해졌다.

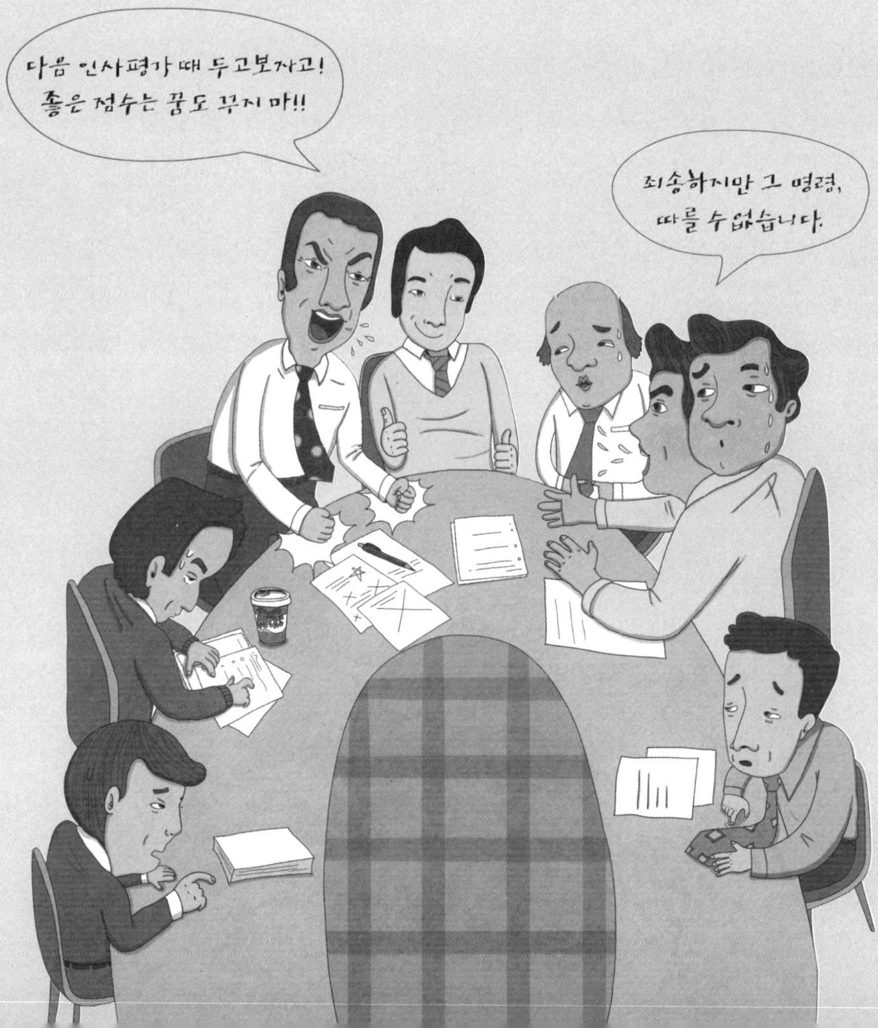
다음 인사평가 때 두고보자고!
좋은 점수는 꿈도 꾸지 마!!
죄송하지만 그 명령,
따를 수 없습니다.

Chapter 5

당신의 유대관계가 당신의 가치를 나타낸다

제2의 경력 설계에 필요한 것들

직장 생활 제2의 출발을 위해
인적자본 재고조사부터 하라

제2의 경력 출발점인 40세가 되면 지금까지의 경험을 재고조사해 볼 것을 권한다. 그러면 당신의 강점이 부각되면서 강한 자신감을 얻게 될 것이다. 자신의 강점 파악과 자신감 획득, 이 2가지는 경력을 새롭게 설계할 때 강력한 무기가 된다.

자기 경험을 재고조사할 때 '인적자본'이라는 개념에 입각하면 조사가 쉬워진다. 인적자본은 상당히 오래된 개념이다. 원래 학교 교육의 의미를 묻기 위해 만들어졌는데, 지금은 경제학 교과서에도 당연하다는 듯 언급되고 있다. 그 역사를 거슬러 올라가면 무려 18세기에 애덤 스미스(Adam Smith)가 이 용어를 사용한 예를 발견할 수 있다. '자본'이라는 표현에서도 알 수 있듯 그가 정의한 인적자본이

제2의 경력 구축을 위한 '인적자본 재고조사표'

– 40세가 되면 인적자본 점검을 시작한다

	투 자	유 대
학창 시절	• 출생지 : • 성장지 : • 초등학교 : • 중학교 : • 고등학교 : • 대학교 : • 대학원 : • 그 외 전문학교 :	• 교우 관계 : • 전환점이 된 만남 :
취직~29세	• 근무처 : • 부서 : • 경험 업무 : • 획득 전문성 : • 그 외 자기 투자 :	• 교우 관계 : • 전환점이 된 만남 :
30~34세	• 근무처 : • 부서 : • 경험 업무 : • 획득 전문성 : • 그 외 자기 투자 :	• 교우 관계 : • 전환점이 된 만남 :
35세~현재	• 근무처 : • 부서 : • 경험 업무 : • 획득 전문성 : • 그 외 자기 투자 :	• 교우 관계 : • 전환점이 된 만남 :

란 '사람을 교육하기 위해 돈과 시간(이것도 돈으로 환산할 수 있지만)을 투자함으로써 그 사람이 가지는 자본이 늘어나고 만들어내는 가치가 증가한다'는 것이다. 간단히 설명하면 '지금까지 경험한 일이나 받은 교육이 자신의 가치를 형성한다'는 개념이다. 인적자본 재고조사(The Inventory of Human Capital)는 그리 어렵지 않다.

▶ 학창 시절 '투자' 항목

- 출생지 : 태어난 지역의 특성을 활용할 수 있을지도 모른다.
- 성장지 : 여러 지역에서 자랐다면 전부 적는다.
- 초 · 중 · 고등학교 : '공립' 또는 '사립'을 덧붙여본다.
- 대학교 : 전공, 클럽 활동, 아르바이트 경력 등도 적는다.
- 대학원 : 전공과 집필 논문 제목도 적는다.
- 그 외 전문학교 : 정규 교육 과정 외에 어떤 공부를 더 했는지 적는다.

취직 후에는 투자 항목의 기록 내용이 바뀐다.

▶ 취직 이후 '투자' 항목

- 근무처 : 회사명과 소재지를 적는다.
- 부서 : 근무 부서명을 적는다.
- 경험 업무 : 부서명만으로는 짐작하기 어려운 업무 내용을 적는다. 프로젝트 형식일 경우 요약해도 무방하다.

- 획득 전문성 : 개인적인 생각이어도 상관없다.
- 그 외 자기 투자 : 사회인 대학원 또는 통신 교육 등을 통해 체계적인 교육을 더 받았다면 그 실적을 적는다.

▶ '유대' 항목

- 교우 관계 : 당시 교우 관계 중 지금도 유지되고 있는 관계를 적는다. 35세 이후 현재 교우 관계는 한때 소원했지만 SNS를 통해 다시 친해진 관계도 적는다.
- 전환점이 된 만남 : 기억에 남는 특별한 만남을 적는다.

당신이 주인공인 스토리를 만드는 데 필요한 요소들을 찾아낸다

이렇게 인적자본 재고조사가 끝났으면 강조하고 싶은 부분을 찾는다. 가령 하나의 전문성을 꾸준히 쌓고 있다면 바로 그 부분을 강조한다. 그럴 만한 부분이 없다면 재고조사표를 보면서 스토리를 찾는다. 여기에서 스토리란 당신이 쌓아온 경험과 그것의 의미를 알기 쉽게 나타내는 것이다.

예를 들어 당신이 입사 당시 본사 영업기획부에 소속됐다가, 다음에 본사 IT 부서로 옮겼고, 이후 다시 영업부로 돌아와 복수의 지점에서 영업 활동을 했으며, 현재는 태어난 지역의 지점에서 영업과장으로 있다고 가정해보자.

이런 경우 전문성의 축은 '영업'이다. 여기에 스토리를 추가하면 '한때 IT 부서에서 일한 경험이 있으며, 현재는 자신이 태어나고 자란 지역에서 일하고 있다'는 것이다.

스토리의 기본은 차별점을 명확히 부각하는 것이다. 이 스토리의 주인공인 당신에게는 영업 경험뿐 아니라 IT 부문의 경험도 있다는 차별점이 있다. 영업과 IT를 한 세트로 묶으면 'IT를 활용한 영업 효율화를 검토할 수 있다'는 식으로 차별점을 한 줄 요약할 수 있다. 또 태어나고 자란 곳에서 일하고 있다는 사실에서 '연고지의 교우 관계를 영업 활동에 활용할 수 있다'는 차별점을 추가할 수 있다.

다음에는 영업이라는 업무를 통해 키운 전문성을 생각해보자. '영업'이라고 하면 '대인 커뮤니케이션'이라는 전문성이 연상된다. 법인을 상대로 신규 고객 개척 영업을 했다면 '계약의 클로싱'이라는 전문성도 있을 것이다. 업무 스타일에 따라서는 '지역 밀착 마케팅'이라는 전문성도 있을지 모른다. 제조업 회사 영업직이라면 '고객의 피드백 정보 보유'도 생각할 수 있다. 이런 것들을 계속 연상해나가면 된다. 과거를 되돌아보면서 당신이 주인공인 스토리의 요소를 떠올리는 것이다.

지금도 유지되고 있는 교우 관계는 당신의 인간성에 깊이를 더하는 요소가 될 것이다. 초등학생이나 중학생 시절 친구들과 3개월에

한 번쯤 만나 술을 마신다면 '지역과의 밀접한 관계성'을 갖고 있다 볼 수 있다.

전환점이 된 만남에는 어떤 식으로든 당신을 변화시킨 만남을 적는다. 최초의 전기적 만남은 당신의 진로에 큰 영향을 미친 학창 시절 은사일지도 모른다. 현재 연인 혹은 배우자와의 만남일 수도 있다. 회사에 들어와서 만난 우수한 동기들이 당신에게 커다란 자부심을 심어줘서 그 후의 힘든 업무를 이겨낼 수 있었는지도 모른다. 이런 식으로 당신의 인적자본을 재고조사해나간다.

상품 재고조사와 달리 인적자본 재고조사 작업은 끝이 없다. 당신의 기억이 당신 머릿속을 계속 두드릴 것이기 때문이다. 지금 깨닫지 못한 것이 나중에 떠오를 수도 있다. 그러니 단번에 완성시킨다기보다는 일단 재고조사를 시작한다는 생각으로 적어보자. 그러면 어느새 당신의 강점을 나타내는 일람표가 만들어져 있을 것이다.

물론 다른 누군가와 비교하면 보잘것없어 보일지 모른다. 그러나 당신의 인적자본 재고조사 결과를 누군가와 비교할 필요는 없다. 실제로 해보면 매우 즐거운 작업이라는 걸 알게 될 것이다. 일단 재고조사를 마치면 당신에게 커다란 용기가 생길 것이다.

당신이 가진 전문성과 유대의 확장 방법을 생각한다

인적자본 재고조사 후에는 당신의 전문성을 나열해보자. 앞의 예시에 따르면 당신의 전문성은 '대인 커뮤니케이션', '계약의 클로징', '지역 밀착 마케팅', '고객의 피드백 정보 보유'다. 당신은 이런 전문성들을 갖고 있지만, 이것을 사용할 대상은 한정되어 있을 것이다. 그러므로 다음과 같이 생각을 확장해보자.

▶ **대상 바꾸기**
- 기존 고객 및 신규 고객 이외 대상에게 사용할 길이 있을까?
- 사내 다른 부서와 유대를 강화하는 데 활용할 수 있을까?
- 거래처와의 관계에 활용할 수 있을까?

▶ **홍보하기**
- 부하 직원과 동기를 넘어 상사나 고객에게 알릴 수 있을까?

▶ **조직화하기**
- 개인 차원의 전문성을 조직 차원의 전문성으로 승화할 수 있을까?

이렇게 생각을 확장해나가면 새로운 직무가 눈에 보일 것이다. 그것이야말로 다음 장에서 제시할 프로페셔널로서의 새로운 경력 중 하나다. 사회인으로 경력을 쌓다 보면 아무래도 자신의 전문성을 자기만의 것으로 만들고 싶어진다. 물론 그것 자체는 결코 나쁜 일이 아니지만, 이번 기회에 발상을 확장해보자. 그러면 당신이 할 수 있는 일이 의외로 많음을 깨닫게 될 것이다.

특별한 인재는 회사의 기존 전략 및 조직 구성에까지 변화를 가져온다

어느 회사의 인사과장에게 있었던 사례를 소개하겠다.

그 회사의 인사과에는 전문성에서 별다른 차이가 보이지 않는 과장이 둘 있었다. 그런데 인사 제도 개혁을 진행하는 과정에서 조직 개편의 필요성이 부각됐다. 인사과에 과장이 2명씩 있을 필요가 있느냐는 지적을 받은 것이다. 이 문제로 인사부장이 나를 찾아와 상담을 요청했다. 두 과장 중 한 사람, 정확히는 나이가 많은 인사과장의 처우를 어떻게 해야겠느냐는 것이었다.

"물론 단순하게 생각해서 과장 자리를 빼앗으면 그만인 문제입니다. 하지만 그렇게 하면 급여가 줄어들 뿐 아니라 무엇보다 그 친구의 전문성을 썩히게 됩니다. 어떻게 해야 할까요?"

그 부장은 이렇게 말하며 내게 의견을 구했다. 마침 당시 인사 제도 개혁의 방향은 복선형 인사 제도를 폐지하고 직무주의를 바탕으로 한 직무 등급 제도를 도입하는 것이었다. 그렇다면 그에게 새로운 직무를 부여한다는 선택지도 있었다.

조직론의 원칙에 입각하면 회사의 필요에 따라 조직을 설계해야 한다. 그리고 인사과가 하나라면 과장도 한 사람만 두고 다른 한 사람은 강등시키거나 다른 부서로 이동시켜야 한다. 그러나 그는 유능한 인재였고, 전문성도 인사에 특화되어 있었다.

조직은 기존 전략을 따라야 하지만, 인재를 바탕으로 전략과 구조를 새로 설계하는 경우도 있다. 인재의 유무가 전략은 물론, 나아가 조직 구조까지 결정하는 것이다. 현실의 기업에서는 오히려 후자 쪽이 더 많다.

나는 나이가 많은 과장에게 사회인 활동 이후로 한정해 인적자본 재고조사를 의뢰했다. 그리고 조사 결과를 통해 그의 전문성에 관한 스토리가 사업 부문 직원들의 의욕과 기술을 끌어올리는 데 특화되어 있음을 알게 됐다. 그전까지는 그의 전문성이 인사에 특화되어 있다고 생각했는데, 알고 보니 과거 두 차례 지점 근무를 한 적이 있었고, 각각의 지점에서 복수의 사업을 총괄하면서 현장의 시선으로 인사 기획을 담당한 경험이 있었다. 또한 그때 유대를 맺은 동료들은 현재 다양한 사업 부문의 과장 또는 차장이 됐으며, 그는 지금도 교류를 계속하고 있었다.

이 조사 결과를 바탕으로 그 회사에는 '사업인사기획과'가 신설됐고, 그는 그 부서 과장으로 취임했다. 그때까지 본사 책상 앞에만 앉아 있던 그는 새로운 직위에 오른 뒤로 각 사업부와 긴밀하게 연계해 세세한 니즈를 파악하면서 사업부별 상세한 개혁을 진행했다. 물론 회사 수익에도 실질적으로 공헌했다.

당신의 연봉은
몇 가지 중요한 사실을
암시한다

당신의 연봉
≒ 당신 친구들의 평균 연봉

'당신의 연봉은 당신이 현재 교제하는 친구들의 평균 연봉에 가깝다'는 속설이 있다. 속설이긴 하지만 이건 진실이다. 특히 인간 관계가 회사 내 사람들로 한정되어 있는 사람의 경우 그런 경향이 두드러진다.

이 속설을 듣고 고개를 끄덕이는 사람도 있고, 부정하는 사람도 있을 것이다. 감정적으로 부정하고 싶어지는 이유는 여기에 '친구들'이라는 단어가 들어 있기 때문일 것이다. 친구를 연봉이나 그것의 전제가 되는 사회적 성공도의 잣대로 재는 것은 당연히 비겁한 행동이다. 그러나 여기서 말하는 친구를 비즈니스상의 관계로 한정하면 이 속설에 신빙성이 있음을 알 수 있다. 비즈니스를 위해 관계를 맺고 있는 사람들의 평균 연봉이 당신의 연봉이 된다고 생각해보면 신뢰도가 높아진다.

예를 들어보자. 항상 부하 직원을 데리고 술을 마시러 다니는 과장은 연봉이 계속 상승하고 있을까? 과장끼리 교류하는 사람이라면 적어도 그보다는 나을 것이다. 그리고 부장이나 이사와 친하게 지내는, 혹은 질책을 받으면서도 그들에게 끈질기게 달라붙는 사람은 직장에서 출세해 연봉이 상승할 가능성이 높을 것이다. 당신 주위를 둘러보고 그들의 유대 관계를 상상해보자.

이 속설을 회사 밖으로 확대하면 어떨까? 자기보다 직급이 낮은 거래처 사람들과 친하게 지내는 과장과 거래처의 사장이나 임원들과 친하게 지내는 과장 중 어느 쪽이 나중에 출세할 가능성이 높을지는 이미 명확해졌을 것이다.

당신이 소속된 팀의 평균 연봉
= 당신이 보유한 '강한 유대'의 가치

158페이지에서 작성한 인적자본 재고조사표를 다시 살펴보자. 그리고 최근 유대 관계 중 비즈니스상의 유대로 한정해 그 사람들의 연봉을 적어보자. 추측한 금액이어도 상관없다. 만약 그 평균값이 지금 당신의 연봉보다 많다면 일단은 안심해도 좋다. 그러나 지금 연봉보다 적은 액수가 나왔다면 심각하게 받아들여야 한다. 현재 비즈니스상의 교우 관계는 당신에게 부정적인 영향을 끼칠 위험성이 크기 때문이다.

여기서 문제점은 사귀는 사람들의 수준이 낮다는 것이 아니다. 그 사람들과의 유대 관계에 안주해 부하 직원에게 권한을 위임하지 않거나 상위 직급의 시점을 가지지 않은 현재 상황이 문제라는 것이다.

제3장에서 유대가 비즈니스의 가치를 만들어낸다고 설명했다. 그리고 유대에는 두 종류가 있다고 덧붙였다. 첫째는 한정된 멤버 간의 강한 유대, 둘째는 열린 관계 안에서의 약한 유대다. 이 중 강한 유대는 당신 가치의 원천이다. 프로 스포츠로 비유하면 1군으로 선발된 것이 강한 유대가 만들어진 상태다. 프로 1군에서 수준 다른 사람이 존재할 수 있을까? 포워드는 일류이지만 미드필더나 골키퍼가 이류인 축구팀은 승리하기 어렵다. 야구의 경우 투수만 일류여서는 도저히 승리할 수 없다.

이처럼 연봉에 관한 속설은 당신이 보유한 강한 유대의 가치를 나타내기도 한다. 당신이 속한 팀이 어떤 비즈니스 가치를 만들어낼 수 있느냐는 팀의 평균 연봉이 기준이 된다고 생각해도 무방하다.

강한 유대의 수준을 높이고
약한 유대를 늘려라

**강한 유대는
성장의 계기를 제공한다**

만약 당신이 '나의 가치로 연봉을 높이고 싶다'고 생각한다면 비즈니스상 강한 유대 관계에서 한 사람 한 사람의 수준을 높여나가야 한다. 현재의 관계성을 버리라는 말이 아니다. 발전적 형태의 유대가 되도록 관계성을 재구축하라는 뜻이다.

예를 들어 거래처의 담당자하고만 이야기를 하고 있다면 이제부터 그 담당자와의 교섭은 부하 직원에게 맡기고 담당자의 상사가 왔을 때만 얼굴을 내밀도록 하자. 그러려면 그 상사가 당신을 만나야 하는 이유가 있도록 행동해야 한다. 또 사내 회의의 경우 당신보다 직급이 낮은 사람들과의 회의라면 권한을 위임하자. 당신이 참석할 때는 의사 결정만 해서 회의 시간을 단축한다. 그리고 남은 시간을 이용해 상사들이 모이는 회의에 적극 참석하자. 부하 직원을 데리고 술 마시러 가지 말고, 부하 직원들을 일찍 귀가시켜 그들끼리 술 마시러 갈 기회를 만들어주자. 그리고 당신은 내키지 않을지 모르지만 5세, 10세 연상의 상사들 틈바구니에 끼어들어야 한다.

강한 유대를 맺고 있는 상대의 수준을 끌어올리는 것은 당신에게 성장의 계기도 된다. 그러려면 당신이 더 수준 높은 상대에게 '저 사람과 연결되고 싶다'는 생각을 갖게 하는 존재가 되어야 하기 때문이다. 강한 유대를 만들려는 노력에는 이렇듯 커다란 의미가 있다.

당신의 가치는 당신이 보유한 인적자본에 따라 결정된다. 그리고 그 인적자본은 당신이 보유한 강한 유대를 통해 더욱 증대된다. 높은 수준의 깅힌 유대를 하나 늘릴 때마다 인직자본은 더욱 커진다. 그러면 더 높은 수준의 유대를 획득하기가 쉬워진다. 이는 미국의 사회학자이자 네트워크 전문가 던컨 와츠(Duncan J. Watts)의 이론인 '가난한 사람이 부자가 되기는 어렵지만, 부자는 더 큰 부자가 되기 쉽다'는 것과 비슷한 원리다. 돈이 돈을 불러들이듯 강한 유대는 더욱 강한 유대를 만들어낸다.

약한 유대는
비즈니스상 뜻밖의 행운을 불러온다

강한 유대가 당신 가치의 원천이라면 약한 유대는 어떨까?

제3장에서 이야기했듯 약한 유대 역시 가치를 만들어낸다. 어떻게 가치를 만들어내는지가 명확하지 않고 단계적이지도 않지만, 그 대신 강한 유대보다 커다란 변화를 일으키며, 강한 유대에서는 만들어지지 않는 또 다른 차원의 가치를 만들어낸다. 즉, '우연한 기회'를 창출하는 것이다. 행운아라 생각되는 사람들은 사실 이 우연의 도움을 받을 때가 많다. 그리고 뜻밖의 행운을 손에 넣을 가능성이 높다. 바로 약한 유대를 늘리는 것을 통해서 말이다.

비즈니스에서의 약한 유대는 단순히 지인과 관계를 유지하고 있음을 의미하는 것이 아니다. 상대가 보유한 강한 유대와 연결되기 위한 창구가 당신으로 인식되는 상태를 의미한다. 모든 비즈니스맨은 반드시 강한 유대를 보유하고 있다. 그 강한 유대의 네트워크가 다른 네트워크와 연결될 때 당신이 유일한 접점이 되어야 하는 것이다. 이것이 약한 유대를 늘리는 방법이다.

그러려면 상대와 안면 있는 사람이 당신뿐이라는 전제가 필요하다. 가령 새로운 거래처가 될 가능성이 있는 회사에서 문의를 받았다고 치자. 당신이 창구가 됐으며, 사내에는 상대 회사와 면식 있는 사람이 없다. 그렇다면 결과적으로 그 회사와 거래가 성사되지 않더라도 그 회사 담당자와의 관계는 당신에게 약한 유대가 된다. 약한 유대가 형성되지 않는 예는 오랜 거래처와 서로 가볍게 알고만 지내는 경우다. 사내에 당신 이상으로 그 거래처와 깊은 관계를 맺고 있는 사람이 있다면 강한 유대는 꿈도 못 꿀 일이다.

가치의 원천인 강한 유대, 가치 상승 계기가 되는 약한 유대
- 약한 유대를 늘리면 기회를 얻기가 쉬워진다

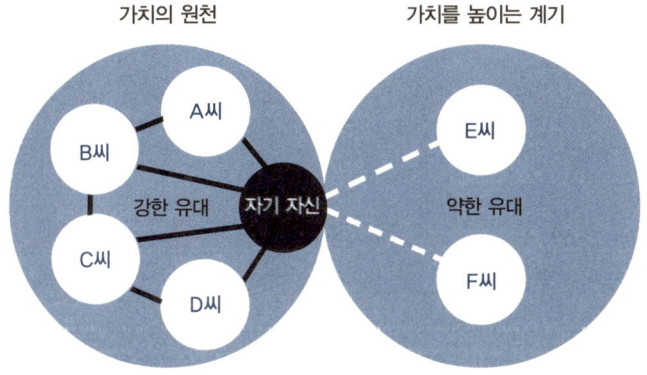

향후 10년 사이에 행운을 가져다줄 약한 유대를 점검하라

대다수 비즈니스맨은 강한 유대를 가지고 있고, 그걸 소중히 여긴다. 그런데 약한 유대에 대해서는 의식하지 않는 경우가 많다.

인적자본 재고조사표를 다시 살펴보자. 유대 부분에 표시를 해보기 바란다. 강한 유대는 빨간색 형광펜으로 표시한다. 그리고 그 밖의 유대 중 강한 유대에 속하는 사람 또는 조직과 연결되어 있지 않은 사람만 골라 파란색 형광펜으로 표시한다. 그런 다음 전체를 놓고 보면 빨간색 유대는 많지만 파란색 유대는 얼마 없을 것이다. 어쩌면 애초에 파란색 유대로 분류될 만한 사람을 인적자본 재고조사표에 적어 넣지 않았음을 깨달을지도 모른다.

전형적인 약한 유대는 몇 년에 한 번 정도 만나는 친구나 친척이다. 과거의 거래처, 특히 선배에게 인계받은 뒤 그 선배가 퇴직했을 경우도 약한 유대가 된다. 그 밖에 당신을 통해서만 연결되는 다른 네트워크가 많을 것이다. 그중에는 5년이나 10년 정도 연락을 하지 않아 소멸된 유대도 있겠지만, 이메일이나 SNS 등으로 가볍게 연락해볼 수 있는 사람도 있을 것이다. 안부 전화도 좋다. 그런 방법으로 잠시 소멸된 유대를 약한 유대로 부활시켜보자. 지금 늘린 약한 유대가 향후 10년 사이에 행운을 가져다줄 인적자본이 될 것이다.

당신의 약한 유대를 확인하기 위해 다음과 같은 관계를 다시 한 번 점검해보자.

- 학창 시절의 유대 : 동기, 선배, 후배, 교사, 다른 학교 친구
- 회사 내 유대 : 동기, 상사, 부하
- 직업상 유대 : 거래처 담당자, 고객

- 전문성을 바탕에 둔 유대 : 같은 업종의 지인, 학회 회원
- 교우로서의 유대 : 소개받은 친구 또는 지인, SNS 지인, 교류 모임 멤버
- 친족으로서의 유대 : 가족, 친척

이직을 고민하기 전에
인적자본 재고조사표를
재점검하라

만약 당신이 회사를 옮긴 경험이 있다면 인적자본 재고조사 작업이 직무경력서를 작성하는 것과 비슷함을 알았을 것이다. 물론 직무경력서를 작성하는 것보다야 즐거운 작업이었겠지만, 사람에 따라서는 '의외로 쓸 것이 없네.'라고 생각했을지도 모른다. 그러나 이렇게 생각한 사람일수록 이 기회에 자신의 인적자본을 재고조사할 수 있었다는 데 기뻐해야 한다.

인사 제도 중 하나로 '경력 연수'라는 것이 있다. 45~50세 직원을 모아놓고 자신의 과거 경력을 재고조사시키는 것인데, 향후 회사 내에서의 경력을 생각하게 하려는 것이 목적이다. 회사에 따라서는 이 시기에 맞춰 조기 퇴직 희망자를 모집하기도 한다.

"50세를 맞이한 지금 퇴직을 선택하면 앞으로 반년 동안은 출근하지 않아도 월급을 지급하겠습니다. 퇴직금도 500만 엔 더 드리겠습니다. 그러니 회사 밖에서 제2의 인생을 걷는 게 어떻겠습니까? 회사에 적을 둔 상태로 이직 활동을 해보면 어떻겠습니까?"

이런 식의 제안을 넌지시 하는 경우도 있다.

사실 인적자본 재고조사표는 과거에 내가 경력 연수를 진행했을 때 사용한 표를 바탕으로 만든 것이다. 회사 내에서의 인생은 40세 무렵 전기를 맞이하지만, 이에 대해 설명해주는 회사는 많지 않다. 회사로서는 앞으로 10년 동안 더 열심히 일해주기를 바라기 때문이다. 40세에 과장까지 승진시켰으니 반드시 만족스러운 결과를 내주길 바란다. 열심히 일해주길 바란다. 그래서 회사는 과장 3명 중 2명은 부장이 되지 못하고, 부장 3명 중 2명은 집행임원이나 이사가 되지 못하는 현실을 솔직하게 말해주지 않는다. 그 대신 인사 평가 제도를 준비해 승급이나 상여금 형태로 그들의 활약을 보상해준다. 그 결과 많은 사람이 부장도, 집행임원이나 이사도 되지 못한 채 50세, 55세를 맞이하며 경력 연수에 불려가 현실을 깨닫고 경악한다. 혹은 직급정년을 암시받고 회사 제도를 비난할지도 모른다.

물론 50세나 55세에도 앞으로의 새로운 경력을 생각할 수는 있다. 그러나 선택지가 좁아지는 게 사실이다. 인사 제도를 전제하면 60세가 다음 전기임을 알 수 있다. 극히 일부(대기업이라면 10곳 중 1곳, 중소기업이라면 5곳 중 1곳)를 제외하면 대부분의 회사가 60세를 정년으로 설정하고 있기 때문이다.

그렇다고 해서 무리하게 이직을 선택할 필요는 없다. 인적자본을 재고조사해 이직 외의 선택지를 만들면 오히려 현재 회사에서 일하는 방식을 바꿔 새로운 방향을 모색하는 계기가 생길 수도 있기 때문이다. 또 인적자본 재고조사에서 시작된 지금까지의 작업을 마치면 반대로 과장에서 부장으로의 승진을 위한 길이 보이기도 한다.

어느 회사 제조 부서에 품질관리 담당 과장이 있었다. 그가 회사에서 출세하려면 본사의 품질관리부로 돌아가 부장을 노리거나, 지금 일하는 공장의 공장장이 되어 제조부장을 노리는 선택지밖에 없었다. 그러려면 현재 각 부장들보다 뛰어난 지식과 견식이 필요한데, 그에게 이건 매우 어렵고 막연한 일이었다. 그래서 부업이라도 할까 생각하던 차에 그는 내가 쓴 책을 읽고 문의 메일을 보내왔다. 나는 그에게 인적자본의 재고조사를 제안했다.

그 결과 그는 자신이 본사의 품질관리부장으로 승진할 가능성이 있음을 발견했다. 품질관리부의 직무를 수행하기 위해서는 지식이나 견식보다 각 부서와의 유대가 더 중요함을 깨달은 것이다. 그리고 자기 동기들이 지금 각 부서에서 과장급으로 활약하고 있다는 사실을 떠올렸다. 지금 일하고 있는 공장에서만 품질관리를 철저히 하는 데 그치지 않고, 그곳에서 얻은 품질관리 표준화 프로세스를 바탕으로 각 부서와 정보를 공유하면 동기들과의 유대를 강화할 수 있을 거라고 판단했다. 이는 그에게 강한 유대를 만들어줄 뿐 아니라, 다른 공장의 품질관리 담당 과장보다 앞서 나가기 위한 구체적인 행동이었다.

또 그는 지금의 부장이 보유하고 있는 유대가 자신이 부장으로 선택될 때쯤엔 가치를 낳지 못하게 될지도 모른다는 사실도 깨달았다. 다음 세대의 부장 후보들이 그와 같은 세대이기 때문이다.

지금 그가 과장으로서 구축하고 있는 강한 유대는 10년 뒤 회사의 가치를 업그레이드할 보다 강한 유대가 되어 그 자체가 그의 인적자본이 될 것이다.

인사 평가에 대한 집착을 버린 순간, 변화가 시작됐다!

미타 상무와 회의에서 충돌한 다음 달, 곤도는 중점 상품을 제조하는 회사에서 담당자가 인사하러 왔다는 이야기를 들었다. 치밀한 마케팅 전략과 더불어 예정에 맞춰 납품이 진행되어 이번 사분기 매출 목표 달성에 크게 공헌한 상품이다. 곤도의 제1영업과도 목표치를 대폭 초과했지만, 미타 상무에게 밉보인 이상 좋은 평가를 기대할 수는 없었다.

그 뒤로 몇 번 더 영업 회의에 함께 참석했는데, 미타 상무는 그때마다 곤도를 철저히 외면했다. 이달부터는 회의에도 아예 모습을 드러내지 않아 가토의 주재로 조용히 회의가 진행됐다.

동기가 상사가 된다는 이야기를 들었을 때는 앞으로 일하기가 불편해지겠다고 생각했다. 그러나 가토는 상사 티를 전혀 내지 않았고, 자기보다 나이 많은 과장이나 차장에게도 공손하게 대했다.

'이 녀석이 이런 성격이었던가? 예전에는 무지 건방진 놈이라고

생각했는데…….'

　동기의 이런 변화를 받아들일 만큼의 여유가 곤도에게도 생겨났다. 포기와 한 세트로 생겨난 것이기는 하지만.

　일단 인사 평가에 대해 마음을 비우자, 생각 외로 주위가 잘 보였다. 특히 다른 영업과 과장들의 얼굴이 다르게 보이기 시작했다. 예전에는 모두를 경쟁 상대로 여겨 인상을 찌푸리며 자기 의견만 무섭도록 주장했다. 상대의 의견은 무너뜨리기 위해 존재했고, 도중에 상대의 이야기를 교묘하게 방해했을 때는 통쾌함까지 느꼈다. 그런데 지금은 이야기를 끝까지 들어보자는 마음이 됐다. 실제로 그렇게 해보니 서로 협력 가능한 부분이 있음도 알게 됐다. 연차는 다르지만 영업부 과장끼리 술을 마시러 가기도 했다. 선후배 의식을 의도적으로 배제하고 대화해보니 선배와도 대등하게 토론할 수 있었고, 후배에게서 배울 점도 많았다.

곤도는 안내데스크에서 연락을 받고 아오키 대리와 함께 거래처 사람이 기다리고 있는 응접실로 향했다. 문을 열자 그곳에는 늘 보던 담당자 외에 낯선 얼굴도 있었다.

"이번에 저희 회사 제품을 전부 팔아주셔서 진심으로 감사합니다."

이렇게 말하며 고개를 깊게 숙인 그 사람이 곤도에게 명함을 건넸다. 곤도는 순간 당황했다.

'대표이사'.

도저히 영업과장인 곤도가 대응할 수 있는 수준의 상대가 아니었다.

"이, 이렇게 직접 찾아와주시다니 몸 둘 바를 모르겠습니다. 미타 상무를 부르겠습니다."

"아닙니다, 곤도 과장님. 이번에는 과장님께 감사의 인사를 전하려고 찾아온 겁니다. 오히려 미타 상무는 저희 회사 제품을 배제하려 했다고 들었습니다만."

"아, 그게, 그러니까……."

곤도는 일단 형식적인 인사만 교환하고 불쾌하지 않게 돌려보내려 했지만, 얼마 지나지 않아 대화에 푹 빠져들었다. 이번에 팔고 있는 상품뿐 아니라, 다음 시즌에 전개 예정인 상품과 동종 업계 타사의 최신 동향 등 흥미진진한 이야기를 많이 들을 수 있었기 때문이다.

"이제 그만 슬슬 실례를……."

거래처 담당자가 이 말을 꺼냈을 때는 오히려 곤도가 붙잡고 싶을 정도였다.

"과장님, 조금 변하셨어요."

응접실에서 나오는데 아오키가 싱글거리며 말했다.

"그래? 하긴, 너무 오래 붙잡아둔 것 같아서 좀 미안하긴 하네."

"진짜 변하셨어요. 예전 같으면 거래처 사람한테는 조금 윗사람처럼 행동하셨을 텐데요."

'그랬던가? ……그랬는지도 모른다. 하지만 이젠 아무래도 상관없다. 그런데 예전의 나와 지금의 나 중 어느 쪽이 부하에게 좋은 상사일까?'

이걸 물어보려 했지만 아오키는 이미 자기 자리로 돌아가 있었다.

며칠 후, 곤도는 미타 상무가 갑자기 퇴임하게 됐다는 소식을 들었다. 시미즈와 만나기로 한 스낵바에, 어쩐 일인지 가토가 찾아와 알려줬다.

"컴플라이언스를 어겼으니 어쩔 수 없었겠지, 뭐. 기껏 기무라 부장하고 같이 나를 이 자리에 올려줬는데, 은혜를 원수로 갚은 셈이 돼버렸네."

가토의 말을 듣자 곤도는 기분이 묘해졌다.

'그때 만약 내가 미타 상무의 지시를 따랐다면 그는 퇴임하지 않아도 됐을까? 아니면 나도 함께 책임을 져야 했을까?'

가토와 곤도가 대화를 나누는 동안 시미즈는 술잔을 계속 비우고 있었다.

"네가 말한 대로 해봤어."

"그래? 그랬더니 어때? 주위가 다르게 보였지?"

"응."

곤도도 술잔을 들어 단숨에 들이켰다.

"그렇긴 한데, 그 덕분에 출세가 멀어진 것 같기도 해."

"그렇게 사는 방식도 있는 거야. 왜? 마음에 안 들어?"

곰곰이 생각해봤다. 하지만 결론은 이곳에 왔을 때 이미 내린 상태였다.

"아니. 나쁘지 않아."

곤도는 이렇게 말하고는 시미즈에게서 다시 술병을 빼앗아 자신의 잔에 따랐다.

Chapter 6

승진 경쟁에서 벗어나 당신만의 위치를 확보하라

프로페셔널로서의 생존법

개인으로서의 프로페셔널
vs. 회사 내 프로페셔널
둘 중 하나를 선택하라

40대 과장부터 새롭게 적용되는 경력 선택지 중 '프로페셔널'이 있다. 과장에서 부장으로의 승진을 노리는 대신 회사 내에서 프로페셔널이 되는 것이다.

실제로 많은 기업에서 '비즈니스맨이라면 연령과 직급을 불문하고 모름지기 프로페셔널을 지향해야 한다'는 메시지를 발신하고 있다. 또 세계를 무대로 비즈니스를 펼치고 있는 기업의 경영 간부에게 어떤 인재를 원하느냐고 물어보면 '프로페셔널'이라는 말이 반드시 나온다. 나이가 많든 적든, 일개 업무 담당자든 제너럴 매니저든 전문성(professionality)이 필요하다고 열변을 토한다.

프로페셔널이란 무엇일까? 막연히 단어의 의미로 파악하면 '주위 사람들로부터 전문성을 인정받고 있는 존재'다. 피터 드러커(Peter F. Drucker)는 프로페셔널과 관련해 이렇게 말했다.

"지식 관련 회사에서는 전문 지식이 개개인과 회사 활동의 중심 자원이 된다. 프로페셔널이 생산성을 높이기 위해서는 '목적을 정의하는 것', '목적에 집중하는 것', '업무를 분류하는 것', 이 3가지 포인트가 중요하다."

요컨대 전문성을 전제로 목적을 달성할 수 있는 사람이 프로페셔널이라는 말이다.

그런 프로페셔널에는 독립한 개인으로서의 프로페셔널과 조직 내에서의 프로페셔널이라는 두 부류가 있다. 개인으로서의 프로페셔널은 쉽게 이해할 수 있을 것이다. 세무사, 변호사 등 각종 전문직 종사자나 자유기고가, 웹디자이너, 음악가, 작가같이 콘텐츠를 만들어내는 사람들이 개인으로서의 프로페셔널이다.

조직 내 프로페셔널의 경우는 어떨까? 조직 내에서는 프로페셔널이 점점 프로페셔널이 아니게 되어간다는 견해도 있다. 전문성 배제, 즉 비전문화(deprofessionalization)를 통해 전문성을 바탕으로 목적을 명확화하지 않고 조직의 니즈에 맞춘 작업자가 되어간다는 것이다. 그 결과 경리재무부에서 일하는 공인회계사나 법무부에 소속된 변호사 등이 회사를 옮길 때 일반 회계사무소나 변호사사무실을 선택하지 못하는 현상이 일어나고 있다.

독립을 했든 조직에 속해 있든 프로페셔널에게 필요한 조건이 명확한 전문성임은 분명하다. 그러나 회사 조직의 인사 현장에서는 전문성 등의 조건만으로 프로페셔널을 정의할 수 없을 때가 있다.

유능하지만 회사 수익에 공헌 못 하는 프로페셔널의 존재 가치

실제로 어느 회사는 프로페셔널을 정의하는 과정에서 고민에 빠진 적이 있다. 학술적 정의만으로는 도저히 운용이 불가능했기 때문이다. 학술적 정의를 따르면 프로페셔널은 '고도의 전문 지식과 높은 윤리관을 갖추고 자발적·자율적으로 활동할 수 있는 사람'이다. 그러나 그 정의만으로는 회사라는 조직이 프로페셔널에게 높은 급여를 지급해야 할 당위성을 찾을 수가 없었다.

그 회사에서 인사 제도를 실계할 때 어느 프로페셔널의 처우가 문제가 됐다. 수준 높은 자격의 보유자였던 그는 해당 분야 사람들 사이에서는 유명한 인물이었다. 여러 국제 학회에 소속되어 있었고, 수많은 논문을 발표해 높은 평가를 받고 있었다. 그러나 그는 회사 수익에 전혀 공헌하지 못했다. 학술적 정의에 따르면 그는 세계에서도 손꼽히는 프로페셔널이지만, 회사로서는 그를 높은 급여로 대우할 이유가 없었다. 그나마 '그를 동경해서 입사한 신입 사원이 여럿 있다.' '프로젝트에 그의 이름을 기재하면 클라이언트에게 높은 신뢰를 얻을 수 있다.' 같은 추가 조건을 모색했지만, 경영진들은 합의를 보지 못했다. 그러다 결국 회사는 프로페셔널의 정의에 다음의 한 줄을 추가하자고 결론지었다.

'프로페셔널이란 그 전문성을 바탕으로 구체적인 수익 가치를 만들어내는 직종이다.'

프로페셔널을 개념적으로 파악한다면 이 정의는 필요 없다. 그러나 조직 안에서 존재 가치를 인정하고 대우하려면 아무래도 이 정의가 필요하다.

다행인지 불행인지 그 인물은 새로운 인사 제도가 발표되기 전에 회사를 떠났다. 유력 대학이 높은 자리를 약속하며 그를 영입한 것이다. 만약 그가 계속 회사에 남아 있었다면 나중에라도 회사 수익에 공헌했을지는 알 수 없는 일이다.

회사는 프로페셔널을
어떻게 대우할까?

회사는 직원들에게 연령이나 직급을 불문하고 프로페셔널일 것을 요구한다. 그렇다면 인사 제도 차원에서 프로페셔널을 대우하는 시스템은 잘 갖춰져 있을까?

가령 관리직이 되기 직전의 직급을 프로페셔널이라고 부르는 경우가 있는데, 그 배경에는 '경력의 목표로 먼저 프로페셔널이 될 것을 지향하십시오. 그러면 그중에서 매니지먼트 스킬을 획득한 사람을 관리직으로 승진시키겠습니다.'라는 생각이 자리하고 있다.

'복선형 인사 제도'라는 시스템도 있다. 과장이나 부장이 되지 못하더라도 전문성을 발휘할 수 있는 직위를 준비해 그쪽으로 승진시키는 시스템인데, 그 직위를 프로페셔널로 정의하는 것이다.

이렇게 설명하면 참 좋은 제도처럼 보이겠지만, 실상은 그렇지 않다. 이 제도가 생겨났을 당시의 뒷사정을 폭로하자면, 과장이나 부장이 될 수 없는 직전 계층 사람이 너무 많아져 그들에 대한 처우가 어려워졌고, 그들에게 적당히 급여를 주며 일을 계속 시키기 위한 대안이었다. 관리직 수준의 급여는 줄 수 없지만, 자부심과 의욕을 잃지 않고 일하게 만들고 싶었기 때문이다.

게다가 '프로페셔널'이라고 하면 결과에 대한 책임도 요구된다는 인상을 준다. 평가를 높게 매길 때나 낮게 매길 때나 '프로페셔널로서 손색없는 활약을 했다.' 혹은 '프로페셔널에 걸맞은 활약을 하지 못했다.' 같은 이유를 대면 왠지 쉽게 수긍하는 측면 또한 있다. 이것이 프로페셔널과 관련된 인사 제도의 현실이다.

또 복선형 인사 제도의 경우 '비록 정규 관리직은 아니지만 당신을 전문직, 즉 프로페셔널로서 후대하겠다'는 명목이 있었다. 그리고 "전문직도 과장'급'이므로 관리직입니다. 자리만 있으면 관리직이 될 수 있습니다."라고 말했다. 하지만 같은 과장급이라 해도 정규 과장과 과장급 전문직은 급여 수준이 달랐다. 과장급끼리의 연봉 차이는 대략 수십만 엔 정도지만, 정규 과장과 과장급 전문직의 연봉은 100만 엔 이상 차이가 날 때도 있었다. 인사 평가 결과가 비슷해도 말이다.

바람직하고 올바른 형태로 전문직을 대우한다면 경우에 따라서는 사장보다 높은 급여를 줘야 할 때도 있다. 그 전형적인 예가 펀드매니저나 연구원이다. 이들에게 자산 운용 또는 특허 취득 대가를 시장 수준에 맞춰 지급하면 회사가 적자를 볼 위험성조차 있지만, 회사가 적자를 본다면 그건 경영자의 책임이고 전문직은 자기 분야에 대해 책임을 지므로 성과에 대해 시장 수준의 대가를 지급하는 게 상식적이다.

그러나 실제로 그렇게 하는 회사는 제로에 가깝다. 수백억 엔의 이익을 가져다준 연구원에게 고작 800만 엔의 연봉을 주는 걸 오히려 당연시한다. 그들의 논리는 '그는 연구원으로서는 우수하지만 관리직으로서는 부적격이므로 과장보다 높은 급여를 줄 수 없다'는 것이다. 심지어 '회사가 지원해주지 않았다면 어떻게 그런 연구 성과를 낼 수 있었겠는가? 그러므로 그는 작업원에 불과하다'는 논리를 내세우기도 한다. 이런 경우를 대비해 빛 좋은 개살구나 다름없는 복선형 인사 제도를 준비한 것이다.

한편 회사에서 일하는 선문식으로서는 보수에 불만이 있어도 회사를 옮기기가 쉽지 않다. 정년까지 고용을 보장해주니 대가를 적게 받더라도 참자는 생각도 있을 것이다.

프로페셔널을 위한 승진 시스템
– 과장이 되지 못하는 대신 '과장급'

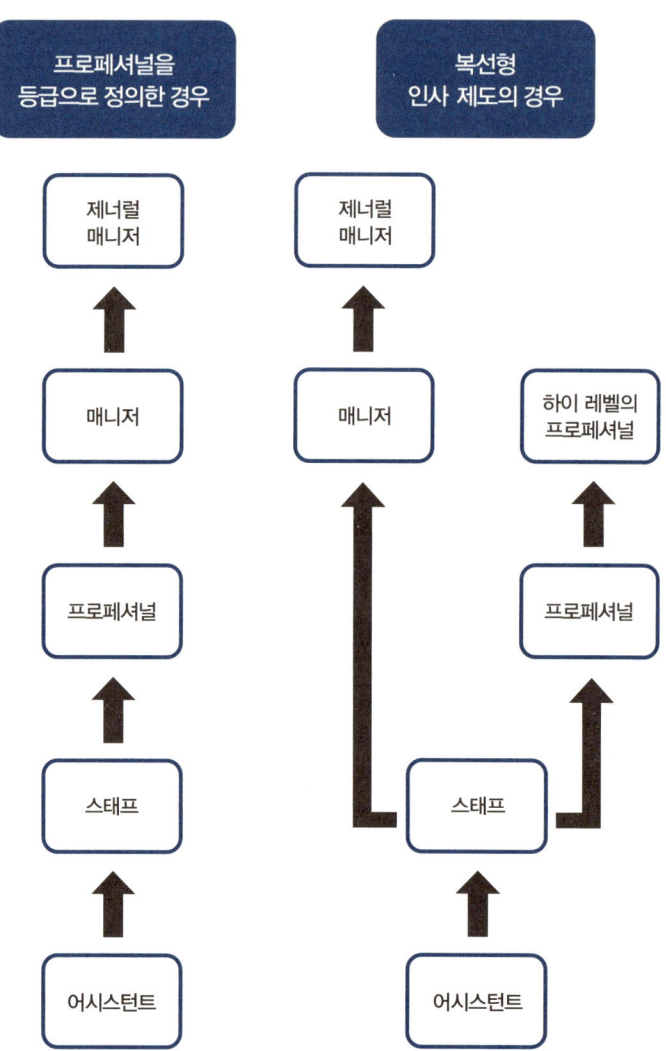

프로페셔널에 대한
회사 안팎의 대우가
달라지고 있다

지금도 과거와 같은 뒷사정이 남아 있긴 하지만, 직무주의 개념이 확산된 회사에서는 프로페셔널 대우 방식을 조금씩 바꾸는 중이다. 이러한 상황 변화는 회사 내부는 물론 외부에서도 일어나고 있다.

직무주의하에서
전문직에게 정당한 대가를 지급한다

회사 내부의 변화는 직무주의가 도입됨에 따라 전문직에게도 정당한 대가를 지급하게 된 것이다. '관리직'이라는 두루뭉술한 정의를 벗어던진 회사도 있다.

관리직에 대한 일본 기업의 정의를 살펴보면 업무재량권 등의 요건 외에 조직 요건으로 '부하 직원의 유무'를 설정한 회사가 많다. 가령 부하 직원 수가 6~20명이면 과장, 21~50명이면 차장, 51명 이상 혹은 다수의 과를 아우르는 상위직이면 부장이라고 정의하는 것이다.

한편 직무주의가 침투한 서양에서는 부하 직원이 없는 관리직도 일반적이다. 가령 법무 담당 매니저의 경우 관리직임에도 부하 직원이 사무를 보는 파견 사원 1명뿐일 수 있다. 직무주의에 바탕을 두면 부하 직원의 유무가 아니라 그 사람이 지는 책임 정도에 따라 대우하게 되기 때문이다. 이렇게 하면 굳이 복선형 인사 제도를 도입하지 않더라도 중요한 직위에 있으면 매니저로 대우할 수 있다. 또 매니저를 일률적으로 대우할 필요도 없다. 직무주의에서는 '직무 등급(Job Grade)'이라는 개념을 도입해 보수를 정의하기 때문에 어떤 매니저는 직무 등급 8이므로 연봉 900만 엔, 어떤 매니저는 직무 등급 11이므로 연봉 1,300만 엔, 이런 식으로 운용할 수 있다.

당신이 직무주의를 도입한 회사에 다니고 있다면 전문성을 키워 나가는 만큼 그에 걸맞은 직위와 보수를 보장받을 가능성이 높다. 부하 직원 수나 매니지먼트 책임 같은 잣대로 대우받을 확률은 낮아진다. 부하 직원이 100명이든 1명도 없든 회사에 벌어들이는 금액이 같다면 오히려 부하 직원이 적은 쪽이 높게 평가받을 것이다.

프로페셔널을 진정으로 대우하려면 직무주의에 철저한 편이 모두가 수긍할 수 있고 공정성도 높이는 방법인 셈이다.

이직이 쉬워짐에 따라
전문성을 인정받기도 쉬워졌다

회사 외부의 변화는 전문직의 이직이 쉬워졌다는 것이다. 엄밀히 말하면 노동시장이 정비된 것이지만, 이는 개인의 전문성은 물론 그가 지닌 인적자본의 가치까지 인정받기가 쉬워졌다는 뜻이기도 하다.

알기 쉬운 예가 펀드매니저다. 자산 운용 실적이 우수한 펀드매니저는 지금 다니는 회사에 남았을 때 얻을 수 있는 가치와 회사를 옮겼을 때 얻을 수 있는 가치를 저울질할 수 있게 됐다. 2006년 데이터이긴 하지만, 일본 국내 기업에서 일하는 펀드매니저의 평균 연봉은 약 1,300만 엔인 데 비해 외국계 기업 펀드매니저의 평균 연봉은 2,500만 엔이었다. 똑같은 일을 하는데도 그만큼 차이가 나는 것이다. 다만 일본 국내 기업은 명목상으로나마 종신 고용을 보장하는 반면, 외국계 기업은 결과를 내지 못할 경우 해고해버린다.

이런 점들을 비교해 최종적으로 이직을 선택할지 말지는 개인의 판단에 달렸는데, 사실상 자신의 고객까지 데리고 회사를 옮기는 펀드매니저가 많다.

펀드매니저나 연구원처럼 알기 쉬운 전문성이 아닌 경우에 대해서도 전문성의 정의가 명확해지고 있다. 사내 특정 부서에서 전문성을 높여나가면 그 전문성을 원하는 다른 회사에서 헤드헌팅의 대상이 되는 것이다.

유대도 가치가 크다. '저 사람을 영입하면 팀원 전체를 함께 빼낼 수 있는가?' '고객이나 거래처를 얼마나 데리고 올 수 있는가?' 식의 기준을 적용할 수 있게 된 것이다. 그러므로 유대가 다양한 사람일수록 노동시장에서 가치가 높아진다.

이 같은 회사 밖 변화는 사내 인사 제도에도 영향을 미치고 있다. 시장가치의 개념을 적용하기 시작한 것이다. 아무리 "종신 고용으로 보호해드리겠습니다." "화합을 중시하는 조직 풍토를 유지하겠습니다."라고 외친들, 시장가치로부터 동떨어진 대우밖에 할 수 없는 인사 제도로는 이제 더 이상 진정으로 전문성 높은 프로페셔널을 지속 채용하기가 어려워졌다. 이에 따라 사내에서 프로페셔널을 대우하는 인사 제도가 필요해졌고, 그 니즈 때문에라도 직무주의가 확대될 수밖에 없게 됐다.

회사 내에서의 전문성은 과연 공정한 평가가 가능할까?

프로페셔널을 대우하기 위한 인사 제도는 새로운 문제점을 낳기도 했다. '개인의 전문성을 과연 누가 확인해줄 수 있느냐'는 문제다. 연구원처럼 상사와 부하 직원이 똑같은 전문성을 보유하고 있다면 비교적 평가가 수월하다. 기능직도 마찬가지다. 경리 부문이든 법무 부문이든 인사 부문이든 대부분의 경우 상사가 부하 직원의 전문성을 어렵지 않게 평가할 수 있다.

그러나 이런 사례도 있다. 기술사 자격 보유자로 구성된 어느 회사에서 상사가 부하 직원의 전문성을 평가할 수 없다는 문제가 발생한 것이다.

사실 기술사라는 자격은 하나만 있는 게 아니다. 건설 부문만 놓고 봐도 토질, 강구조, 하천, 전력, 터널 등 수많은 전문 분야로 나뉜다. 이 회사의 경우 상사는 하천 분야 기술사였고, 부하 직원은 전력 분야 기술사였다. 두 사람은 직무상 대등한 기술자로서 팀을 이뤄 수력발전에 관한 설계 작업을 했고, 상사가 부하 직원의 전문성을 평가해야 하는 시점이 왔다. 그러려면 상사에게 부하 직원이 담당한 분야의 지식이 충분해야 하는데, 하천 분야의 프로페셔널인 상사에게는 전력 분야 지식이 별로 없었다. 결국 부하 직원을 지나치게 높이 평가하는 일이 빈번했다.

이처럼 상사가 자신이 잘 아는 전문성에 관해서는 부하 직원을 적절히 평가하지만, 잘 모르는 전문성에 관해서는 관대하게 평가하는 상태를 인사 평가에서는 '대비 오차'라 부르며, 대표적인 평가 오류의 하나로 문제시한다. '내가 못하는 일을 할 줄 아는 부하 직원은 우수하다'고 생각하는 상사는 문제가 있다는 것이다.

일반 회사에서도 이와 같은 일이 일어난다. IT를 잘 모르는 부장이 IT에 해박한 부하 직원을 높이 평가한다든가, 상품 지식이 풍부한 부하 직원을 영업 실적과 상관없이 높게 평가하는 경우가 있다.

그래서 개발된 것이 '다면 평가', 즉 '360도 평가'다. 일설에는 펀드매니저의 전문성을 상사가 평가할 수 없어 펀드매니저끼리 서로의 전문성을 평가하게 한 것이 시초였다고 한다. 그러나 360도 평가에 대해서도 개인적 호불호나 평판 등에 따라 부적절한 평가가 나올 수 있다는 지적이 있다. 그렇다면 역시 어떤 사람에 대한 전문성을 공정히 평가하기는 어렵다는 결론에 이른다.

대학교수 등의 연구자에 대해서는 전문성 평가에 관해 명확한 표준 규칙이 있다. 대표적인 기준은 특정 학회지에 얼마나 많은 논문을 실었느냐라는 수치화 지표다. 수준 높은 학회지에 논문이 실렸다는 건 적어도 다수의 전문가가 그 사람의 전문성을 인정했다는 증거가 된다.

프로 운동선수, 특히 프로야구 선수에게는 더욱 상세한 지표가 준비되어 있다. 타율, 자책점, 출루율, 장타율 등 각종 결과를 수치화해 그것으로 전문성을 평가한다. 프로 선수끼리 맞붙은 결과는 그 자체가 전문성을 평가하는 지표가 된다는 발상이다.

이런 평가 방식에는 결과를 보고 그 사람의 전문성을 평가한다는 공통점이 있다. 그렇다면 프로페셔널인 당신도 회사 내에서 전문성을 제대로 인정받으려면 지표 삼을 만한 어떤 결과를 내야 한다는 결론에 도달한다. 최소한 인사 평가에서 높은 점수를 얻어야 하는 것이다. 하지만 앞에서 '출세하는 사람은 인사 평가를 신경 쓰지 않는다'는 것을 여러 번 강조한 이상, 인사 평가를 의식하지 않고 전문성을 인정받을 방법을 살펴볼 필요가 있겠다.

인사 평가를 신경 쓰지 않고
프로페셔널로 성공하려면
테크닉이 필요하다

조직에서 프로페셔널로 활약하며 인정받고 성공하려면 어떤 테크닉이 필요할까? 실제로 그런 사람들을 살펴보면 인사 평가를 신경 쓰는 사람도 있지만 그렇지 않은 사람이 더 많다. 의도적으로 승진 대신 자기가 하고 싶은 일을 선택하는 사람들이다. 이들의 행동은 결과적으로 경영진이 된 사람들이 하는 행동과 유사하며, 각자 의식하는 본질이 존재한다는 점에서도 일맥상통하는 부분이 있다.

직무의 본질을 축으로 행동하면서
자발적 학습을 반복한다

회사라는 조직 안에서 출세하는 사람들은 항상 비즈니스의 본질을 의식한다. 그것은 그들 내면의 흔들리지 않는 축이기도 하다. 그들은 그 축에 따라 행동하면서 수많은 유대 가운데 가치 있는 것을 찾아내 조직의 가치로 전환시켜나간다.

한편 프로페셔널로서 성공하는 사람들이 의식하는 본질의 대상은 비즈니스가 아니라 전문성이다. 연구원이라면 연구를 통해 창출되는 가치 자체를 의식한다. 실제로 어느 제약회사에서 활약하는 연구원들은 자신의 인사 평가를 신경 쓰지 않았다. 연구원을 위한 특별 인사 평가 제도가 준비되어 있어 단년도 성과를 가지고 평가하지 않는다는 까닭도 있었지만, 연구 부문의 책임자이기도 한 최우수 연구사가 인사 평가가 아닌 연구 성과 자체를 항상 의식했기 때문이다.

인사 분야의 전문가라면 단기적으로 평가받기 용이한 인건비 절감이나 의욕 향상만을 의식하기보다 회사라는 조직 안에서 사람들이 일하는 방식이나 비즈니스 모델 가운데 인재가 만들어내는 가치 자체를 의식하며 활동하는 사람이 전문성을 높게 평가받을 가능성이 크다.

바로 이런 행동들이 경영진으로 출세한 사람들의 행동과 비슷하다는 것이다. 다만 의식하는 본질의 축이 다를 뿐이다. 경영진으로 승진한 사람들이 비즈니스를 본질의 축으로 삼고 있다면, 프로페셔널들은 전문성을 본질의 축으로 세운다. 대신 각자의 축을 기준으로 본질에 이르는 행동은 같다.

그들은 자기 자신에게 질문을 거듭한다. 스스로를 향한 거듭된 질문은 자발적 학습을 낳는다. 본질을 의식하면서 행하는 학습은 목적이 미리 준비되어 있는 경우가 대부분이다. 드러커의 정의로 되돌아가면 '목적을 정의하고, 목적에 집중하며, 업무를 분류한 상태'다. 그렇게 해서 학습한 결과는 경험을 통해 비로소 자기 것으로 습득된다. 설령 실패해서 평가가 낮아졌더라도 전문성은 확실히 높아진다. 자발적 학습과 경험을 통한 습득을 반복하면 전문성이 높아질 수밖에 없다. 그 반복을 가능케 하는 것이 자기 평가다.

경영진과 프로페셔널의 공통점
- 일류는 항상 스스로에게 질문을 거듭한다

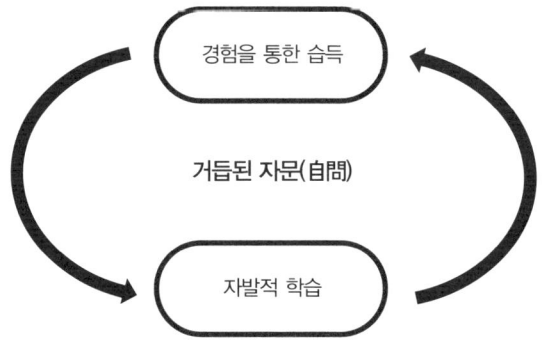

외부에서의 평가를 통해 전문성을 측정하기는 매우 어렵다. 그러나 자신이라면 측정할 수 있다. 지향하는 본질과 비교하면 자신의 전문성이 어느 단계에 있는지를 현실적으로 판단할 수 있다.

자신을 위한 직위를
스스로 창출한다

현실적으로 조직 안에서 프로페셔널로 살아간다는 것은 부하 직원이 없는 전문직 직위를 획득해나간다는 의미에 가깝다. 이를 위한 조건은 2가지다. 첫째, 명확한 전문성이 있어야 한다. 프로페셔널을 지향하는 사람이라면 이 조건은 쉽게 만족할 것이다. 둘째, 비즈니스 모델에 공헌하는 것이다. 바로 이 두 번째 조건에서 테크닉이 요구된다. 프로페셔널의 지위를 획득하려면 프로페셔널로서 비즈니스에 어떻게 공헌할 수 있는지를 알기 쉽게 제시해야 하는 것이다.

어느 회사의 경리부에서 있었던 사례를 소개하겠다. 그 회사 경리부에는 부장 1명, 과장 2명, 대리 5명에 스태프 3명과 파견 사원 7명이 있었다. 과장 2명은 각각 입출금과 결산 처리를 담당했는데, 이 가운데 결산 처리, 즉 재무회계 전반을 담당하던 과장이 가정 사정으로 회사를 그만두게 됐다. 그래서 대리 중 누군가를 승진시키기로 했고, 후보가 2명으로 압축됐다.

첫 번째 후보는 입사 20년 차인 40대 베테랑 경리맨으로, 전임 과장의 신뢰도 두터웠고 회사 내 사정에도 환했다. 두 번째 후보는 경력 채용으로 입사한 33세 대리였는데, 세무사 시험에서 다수 과목에 합격한 것만 봐도 알 수 있듯 지식 측면에서는 첫 번째 후보보다 뛰어났고 회사 내 평판도 좋았다.

결국 경영진은 첫 번째 후보를 다음 과장으로 승진시켰다. 그리고 예전부터 과제였던 세무 대책의 필요성이 높아짐에 따라 명목상이기는 하지만 재무과를 신설하고 두 번째 후보에게 그 부서 과장 직급을 부여했다. 이에 따라 두 번째 후보는 재무과장으로서 부하 직원 없이 혼자 세무회계를 담당하게 됐다. 물론 대우는 과장급이었다.

33세의 과장은 시기를 잘 만나서 운 좋게 그 지위를 획득한 것일까? 그렇지 않다. 그는 예전부터 자신의 전문성을 세무에 두고 부장에게 그 가치를 인정받고자 노력해왔다. 사장과 회의할 기회가 있으면 회의 후 잡담을 나눌 때 반드시 세무 이야기를 꺼냈다. 그리고 세무 대책이 기업의 수익에 얼마나 공헌할 수 있는지를 열심히 설명했다. 참고로 그는 재무회계 전반으로 전문성을 확장할 생각은 없었다. 세무 공부 자체를 좋아했으며, 세무 시스템이 바로 국가의 본질이라 생각했기 때문이다. 그는 기업 내 세무뿐 아니라 세금이라는 시스템 자체에 흥미가 있었다.

이 예에서도 알 수 있듯 조직 내 프로페셔널을 지향하면 삶의 자세부터 매우 적극적이게 된다. 조직 내 프로페셔널로서 살아가려면 자신을 위한 직위 만들기를 목표로 삼아야 하기 때문이다. 현재 많은 회사에서 이런 '프로페셔널을 위한 직위'가 만들어지고 있다. 직무주의 적용으로 부하 직원이 없는 관리직이 있는가 하면, 공헌도에 따라 전문성을 인정받는 사람도 생겨나는 분위기가 조성 중이다.

당신이 이미 과장이라면 부장급 직위를 만든다는 목표를 세우는 것도 좋지만, 좀 더 실현 가능한 방법을 생각해보길 권한다. 예를 들면 현재 담당하는 분야에서 역할이 세분화된 부서를 신설해 같은 과장급 직위를 창출하는 것이다. 이건 출세의 또 다른 길이기도 하다. 실제로 최근 들어 인사과장에서 인재육성과 과장으로 이동하거나, 영업과장에서 영업기획과 과장으로 이동하는 등의 사례를 자주 볼 수 있다. 이런 직위는 모두 신설이며, 부하 직원은 없거나 매우 적다. 그럼에도 그들은 프로페셔널로서의 전문성을 잃지 않는 한 조직 내에서 계속 활약할 수 있을 것이다.

유대를 소중히 여기고
그것을 잘 활용한다

고도의 전문가라는 의미로 프로페셔널을 파악하면 고독한 삶이 연상될지도 모른다. 그러나 우수한 프로페셔널일수록 많은 사람과 연결되어 있다. 우수한 프로페셔널은 강한 유대뿐 아니라 약한 유대도 다수 보유하고 있는 것이다.

프로페셔널에게 가장 강한 유대는 같은 전문성을 보유한 회사 내 사람들과의 유대다. 어떤 전문성이든 개인 혼자 능력을 발휘하기는 점점 어려워지고 있다. 팀을 이뤄 활약하는 것이 효과적이다. 이렇게 하면 전문성을 통한 성과 지수 자체가 높아진다. 직무 분담도 가능하다. 전문성이 높아질수록 그 영역이 세분화되기 때문이다. 외부에서 볼 때는 똑같은 연구지만 기초 연구와 응용 연구가 전혀 다르듯, 모든 전문성은 분담함으로써 성과를 더욱 높일 수 있다.

프로페셔널의 전문성은 회사 내 다른 부서와의 유대를 통해 더 큰 가치를 만들어낼 수도 있다. 조직 속에 있기에 획득할 수 있는 유대가 있는데, 그 유대를 통한 경험이 전문성을 높이기 위한 자발적 학습을 유도하기도 한다.

또한 프로페셔널은 회사 밖 프로페셔널들과도 연결되어 있다. 강한 유대인 것도 있고 약한 유대인 것도 있다. 전문성이 같은 프로페셔널끼리의 유대는 긴밀한 동질감(identity)을 바탕으로 관계가 성립되며, 강한 유대는 성과를 만들고 약한 유대는 혁신(innovation)을 낳는다.

S#7 storytelling

지금 알게 된 걸
그때도 알았더라면……

아오키 대리와 함께 영업을 다니던 곤도는 자기도 모르게 걸음을 멈췄다. 낯익은 코트 차림의 한 여성이 조금 떨어진 곳에 서 있었기 때문이다. 옆에 있던 아오키가 무슨 일인가 하는 표정으로 곤도를 바라봤다. 곤도는 뭔가 말하려 했지만 입이 떨어지지 않았다.

저쪽에서 여인이 살짝 웃었다. 아오키를 향해서도 웃음을 보이며 두 사람 쪽으로 걸어왔지만 말 없이 두 사람 곁을 스쳐 지나갔다.

"저……, 사적으로 아시는 분인가요?"

"응? 그, 그래. 옛날 일이기는 하지만."

"옛날 일이라면 묻지 않을게요."

그러면서 아오키는 다시 걷기 시작했다. 곤도는 아오키 뒤를 쫓아가며 자신의 20대 시절을 떠올렸다.

그녀와는 친구 소개로 만났다. 일에 몰두하면서도 뭔지 모를 우울

함을 느끼던 시절이었다. 영업을 다녀도 좀처럼 성과를 내지 못했고, 평가도 좋지 않았다. 곤도에게 그녀는 몇 년 동안 정신적 안식처였다. 아무리 괴로워도 그녀의 웃는 얼굴을 보면 힘이 솟았다. 하지만 이윽고 영업이 순조로워지자, 반대로 그 웃음이 성가셔지기 시작했다.

직종도 전혀 달랐다. 그녀는 프리랜서로 소규모 일만 하고 있었다. 비즈니스의 규모를 점점 키워나가던 곤도로서는 그녀의 이야기가 너무나 보잘것없게 느껴졌고, 도저히 흥미를 가질 수 없었다. 결국 이별을 통보한 쪽은 곤도였다.

"너하고 계속 사귄들 나한테 도움될 게 없어."

마지막에 그녀가 어떤 표정을 지었는지는 기억나지 않는다. 곤도에게 그녀는 하잘것없는 일만 하는 작은 존재로밖에 보이지 않았기 때문이다.

오랜만에 만난 그녀의 웃는 얼굴은 예전과 변함이 없었다.

'다시 말을 건다면 무언가 달라질까?'

그렇게 생각하며 뒤를 돌아보려다가 곤도는 자기도 모르게 쓴웃음을 지었다. 그녀가 스쳐 지나간 뒤로 10분 이상 걷고 있었음을 깨달았기 때문이다. 눈앞에는 다음 영업처의 빌딩이 있었다.

"과장님, 정신 차리세요!"

아오키의 목소리에 고개를 끄덕이고는 크게 기지개를 폈다.

"그래야지. 이번 미팅도 중요하니까 말이야. 어때, 클로징할 수 있을 것 같아?"

"물론이죠. 그러려고 과장님이랑 같이 온 건데요."

"저쪽 담당자는 어떤 사람이지?"

"지금까지는 대리였는데, 오늘은 과장님과 함께 온다고 했으니까 저쪽도 과장이 나올 거예요. 그러니 교섭 잘 부탁드려요!"

"아니, 클로징도 직접 해보도록 해. 내가 지원해줄 테니까. 이제 슬슬 과장 승진 후보가 될 연차잖아? 그러니 한번 도전해보라고."

순간 깜짝 놀라서 자신을 멀뚱멀뚱 쳐다보는 아오키에게 곤도는 싱긋 웃음을 보였다.

"걱정하지 마. 너라면 할 수 있어."

"아, 네! 열심히 할게요!"

'20대 때부터 이런 식으로 생각할 수 있었다면 많은 것이 달라졌을지도 모른다. 그러나 이제 와서 후회한들 시간을 되돌릴 수는 없

다. 오히려 지금이라도 변하게 된 걸 기뻐해야 할지도 모른다.'

붉게 상기된 얼굴로 걸어가는 아오키 곁에서, 곤도는 이렇게 생각할 수 있게 된 자신이 대견하기도 하고 신기하기도 했다.

Chapter 7

어디서나 언제까지나 필요한 사람이 돼라

퇴직 후 경력 대비법

정년퇴직, 이제 더 이상 행복한 일이 아니다

40세부터 제2의 경력이 시작된다고 볼 때 그로부터 10~20년 후에 다가올 퇴직은 절대 외면할 수 없는 문제다. 퇴직이라고 하면 제일 먼저 정년퇴직이 떠오를 것이다. 정년퇴직 후 재고용이 당연시되고 있다고는 하지만, 대부분의 회사에서는 60세가 되면 일단 퇴직을 권한다. 퇴직금을 지급하고 다시 고용하는 것이 상례다. 제4장에서 재고용 시스템에 관해 이야기했는데, 정년퇴직에서 재고용에 이르는 과정은 정신적 불안감이 있을 수밖에 없고 금전적 불안감도 크다.

거품경제가 붕괴되기 전까지만 해도 정년퇴직은 행복한 일이었다. 조직을 떠난 외로움은 있지만 넉넉한 퇴직금 또는 연금이 보장되어 제2의 경력을 시작하거나 노후를 즐길 수 있었다. 부동산 신화가 건재해 대출받아 구입한 집의 가치도 계속 상승했다. 저축해둔 자산도 있고 연금도 있는 데다 자유로운 시간까지 손에 넣었으니 유유자적이 가능했다.

그러나 현재(그리고 앞으로도), 대출로 집을 사는 것은 리스크가 크다. 사람에 따라서는 저금이 아니라 부채만 남게 될 수도 있다. 연금이 충분하지 않아 재고용이 끝난 65세 이후 아르바이트를 계속해 생활비를 마련해야 하는 사람도 늘어났다.

왜 이렇게 됐을까? 그 이유로 평균수명 증가라든가 생산 가능 인구의 감소, 연금 재정 악화 등이 거론되고 있는데, 요는 국가가 사회보장을 감당할 수 없게 됐기 때문이다.

정년 제도의
과거, 현재, 미래

애초에 정년 제도는 은급(恩給, 일정 연한 일하고 퇴직한 사람에게 주던 연금-옮긴이) 제도와 한 세트였다. 일정 햇수 동안 근무한 후 퇴직하면 연금이나 퇴직금을 받을 수 있는 제도인 것이다. 회사를 옮기는 사람이 많았던 시대에 일정 기간 이상 일하도록 장려하기 위한 시스템이기도 했다. 최근 유행하는 인사 용어를 사용하면 '롱텀 인센티브(Long-term Incentive)'의 일종이다.

물론 이런 시스템을 모든 기업이 도입할 수 있는 건 아니었기에 대기업이나 관공서를 중심으로 먼저 도입됐고, 이후 중소기업에도 점차 확산됐다. 지금은 대기업일수록 정년 제도가 잘 정비되어 있으며, 중소기업 중에는 정년 제도가 제대로 정비되지 않은 곳도 있는 것이 현실이다.

그렇다면 정년 제도는 원래 어떤 원리로 만들어졌을까? 기본적으로 50세에 정년퇴직을 하면 이후 10년쯤은 생활할 수 있는 연금이나 퇴직금을 지급하도록 설계됐다. 퇴직 후 삶을 어느 정도 보장해준 것이다. 평균수명은 그로부터 5년 정도까지. 정년 제도가 만들어진 시대의 평균수명은 대략 65세였다.

그러나 이윽고 정년 제도는 '고용 조정' 기능을 갖게 됐다. 가장 큰 이유는 평균수명 증가다. 평균수명이 증가함에 따라 정년을 연장하고 싶다는 사람들의 요망이 강해진 것이다. 그리하여 50세 정년이 55세가 되고, 다시 60세가 됐다. 현재는 평균수명이 83세이므로 퇴직금을 지급하는 시스템으로서 정년퇴직을 이해한다면 68세가 정년이어도 이상하지 않다.

생활양식의 변화도 이유다. 특히 '단카이 세대'라 불리는 사람들은 과거의 60대와 달리 몸도 마음도 여전히 건강해서 취미 활동 등을 왕성하게 즐기기 때문에 그만큼 더 많은 생활비가 필요하다.

가족 구성의 변화 역시 빼놓을 수 없다. 과거 노인들은 자녀에게 용돈을 받아 생활했다. 그러나 지금은 자녀에게 용돈이나 생활비를 받는 부모보다 반대로 자녀를 원조하는 부모가 늘고 있다.

그렇다면 요즘 사람들은 68세까지 왕성하게 일할 수 있을까? 인간의 능력은 연령에 맞춰 3개의 산을 만든다고 알려져 있다. 첫 번째 산은 25세에 정점을 찍는다. 이 산은 운동 능력을 나타낸다. 두 번째 산은 35세에 정점을 찍는다. 이 산은 학습 능력을 나타낸다. 세 번째 산은 45세에 정점을 찍는다. 이 산은 경험 활용 능력을 나타낸다. 원래의 정년 제도는 바로 이런 사이클에 맞춰 50세 은퇴를 설계한 것이다.

인간의 능력을 나타내는 3개의 산
– 60대 베테랑은 과연 얼마나 능력을 발휘할 수 있을까?

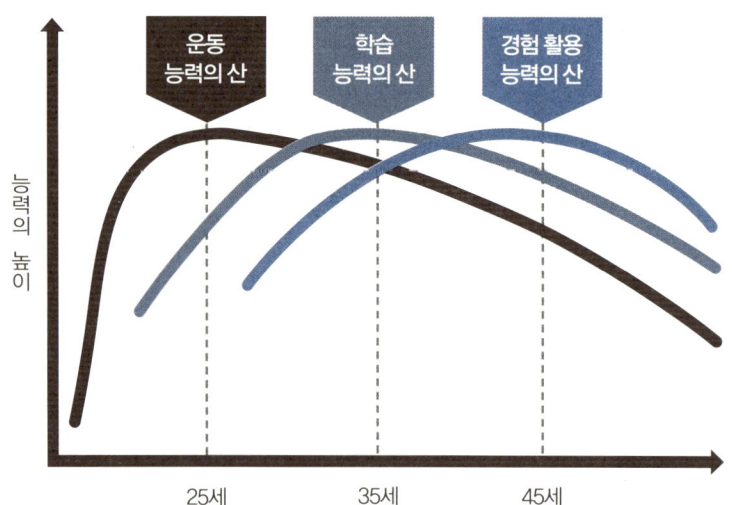

그러나 능력 있는 사람은 퇴직 후 새로운 직장을 구하는 것이 그때나 지금이나 보통이다. 나이를 먹었어도 급여에 걸맞게 활약할 수 있는 사람은 회사로서도 내보내고 싶지 않다. 오히려 폭넓은 지식과 오랜 경험을 바탕으로 계속 일해주기를 바란다. 그런 생각이 들게 하는 사람이어야만 고용 조정 기능을 갖게 된 정년 제도의 전제 조건에 부합한다. 정년이란 더 일해주기를 바라는 연령의 평균값이기도 한 것이다.

한편 평균수명이 늘어나고, 그와 함께 개인의 능력 차이가 벌어짐에 따라 정년을 폐지해야 한다는 생각도 강해지고 있다. 그런데 이것이 종신 고용을 부정하는 발상이기도 하다는 사실을 모르는 사람이 많다. '회사에서 원하는 인재는 나이가 몇 살이든 계속 고용한다'는 것이 정년 폐지의 취지인데, 이 말은 '정년인 60세가 되기 전이라도 회사에서 원하지 않는 사람은 회사를 그만둬야 한다'는 뜻이기도 하다. 정년을 폐지하면 종신 고용 제도가 의미 없어진다.

또 정년을 폐지하면 성장하는 개인, 실적을 낼 수 있는 개인, 기술이 있는 개인을 회사에 붙잡아두기 위한 별도 정책이 필요해진다. 빠른 진급이나 거액의 상여금 등 우수 인력을 회사에 붙잡아두기 위한 정책을 5년 또는 10년 단위로 도입할 필요도 있을 것이다. 이것은 대우의 격차가 벌어진다는 뜻이기도 하다.

정년 제도의 미래는 과연 어떻게 될까? 법률이 정하는 정년은 앞으로 70세까지 연장될 가능성이 높다. 그렇게 되면 고용은 보장되지만 업무 능력에 걸맞은 급여만 받을 수 있게 된다. 회사라는 종신 고용의 마을 안에 있는 한, 인생에서 수입이 가장 많은 시기는 35세인 시대가 곧 찾아올 것이다.

또 정년 제도와 형태가 다른 퇴직 장려책이 늘어날 것이다. 일률적인 연령이 아니라 능력이나 경험, 공헌도 등을 따져 퇴직자를 늘리지 않으면 회사가 살아남을 수 없기 때문이다.

승진과 프로페셔널화의 진짜 의의는 가치 있는 인재가 되는 것이다

지금까지 제시한 방법을 바탕으로 제2의 경력을 설계하더라도 정년퇴직을 피하기는 불가능하다. 회사 안에서 계속 승진해도 결국은 식년정년이 찾아오고, 60세가 되면 정년을 맞이한다. 프로페셔널의 지위를 획득해도 마찬가지다. 설령 앞으로 정년이 연장되더라도 인사 시스템의 본질에는 변화가 없을 것이다. 이사까지 승진하면 정년이 66~68세가 되는 회사도 있지만, 직무주의가 확대되면 이사야말로 오히려 일찍 회사를 떠나야 한다. 40세에 이사로 발탁된 사람은 10년 뒤인 50세에 40세 젊은 후배에게 자리를 양보할 수밖에 없게 될지도 모른다. 그리고 일단 이사가 된 사람이 평사원으로 돌아갈 수 있는 제도를 갖춘 회사는 결코 많지 않다.

이런 현실을 생각했을 때, 회사 안에서 승진하거나 프로페셔널로서 직위를 획득하는 것의 진짜 의의는 대체 무엇일까? 내가 이 장에서 당신에게 진정으로 하고 싶은 말은 바로 이것이다. '노동시장에서 가치 있는 인재가 되라'는 것. 지금까지 제시한 방법들을 구사해 회사에서 승진하거나 프로페셔널로서의 직위를 획득한다면 퇴직을 앞두었을 때 이직이든 창업이든 선택하기가 쉬워진다.

제5장에서 '인적자본'이라는 개념을 소개했다. 이 책에서 설명한 경력 설계 방법은 이 인적자본을 어떻게 늘릴 것인가로 집약된다. 막연한 교육이나 경험은 인적자본을 늘리는 데 그리 중요하지 않다는 이야기와 함께, 본질에 이르기 위한 자문(自問), 가치를 만들어내는 유대의 획득, 자발적 학습과 경험을 통한 습득 사이클 등 구체적 방법을 제시했다. 이 방법들을 실천해 당신의 인적자본을 늘리면 인생에서 변화의 시기를 맞이했을 때 선택지가 넓어진다.

오랫동안 일본에서는 처음 취직한 회사에서 정년퇴직을 하는 것이 당연시됐다. 인적자본을 구성하는 전문성과 유대는 전부 회사 내부 및 거래처로 한정되어 있었다. 그렇기에 사내에서 상사의 사랑을 받아야 했고 입사 연차에 따른 상하 관계, 동기 사이의 경쟁 등이 중요시되어왔다.

경제학적으로는 이것을 '내부 노동시장'이라는 개념으로 설명할 수 있다. 일단 회사에 취직하면 그 안에서 승진 또는 부서 이동을 하거나 이직을 해서 자신의 인적자본을 늘려나간다는 것이다. 그렇게 해서 키워진 인적자본은 회사 내로만 한정됐다.

그러나 지금은 변화의 시대다. 게다가 인구 감소와 고령화가 진행되고 있다. 기업은 종신 고용을 폐지하고 싶어 하는 한편, 정부는 사회보장을 기업에 맡기는 수밖에 없는 상황이다. 사회보장을 중시하면 기업이 쇠퇴하고, 기업의 수익성을 중시하면 국가의 사회보장이 붕괴될 수 있다. 이에 대해 정부도 기업도 답을 내놓지 못하는 상황이다. 어떤 선택을 해야 좋을지 누구도 가르쳐주지 못하고 있다. 그러니 이제는 정부도 기업도 당신을 지켜주지 못한다고 생각하는 편이 좋다. 각자의 책임이라고 말하면 냉혹한 느낌이 들지만, 누구도 당신을 지켜주지 않는 이상 스스로 일어설 수밖에 없다. 이를 위한 무기가 바로 당신의 인적자본이다.

인적자본을 쌓으면 회사 내에서 승진하거나 프로페셔널로서의 삶을 확고히 다질 수 있다. 인적자본이 여기에만 도움되는 것은 아니다. 40세부터 시작되는 제2의 경력은 60세에 일단 종지부를 찍는다. 그 뒤로는 제3의 경력을 쌓아야 하는데, 인적자본을 꾸준히 쌓아나가면 제3의 경력 시작에도 도움이 된다.

누구나 언젠가 반드시
회사를 떠나게 된다

정년퇴직을 기다리지 않고 퇴직하는 사람이 늘고 있다. 이직 또는 창업을 위해 퇴직하는 사람이 대부분이다. 여러 가지 사정 때문에 어쩔 수 없이 퇴직하는 사람도 있다. 질병, 양친 개호, 육아 등 사정은 저마다 다르지만, 내부 노동시장밖에 없는 상황에서는 그들이 경력을 계속 쌓기가 실질적으로 불가능하다.

제2장에서 제시한 '근속 햇수' 개념으로 승진 가능성을 판단하면 일시적이라고는 해도 휴직은 마이너스가 될 뿐이다. 저출산 문제를 해결하기 위해 정부는 일과 사생활의 균형을 외치며 육아 휴직, 개호 휴직, 단시간 근무를 장려하고 있다. 이를 위해 장려금도 지급한다. 그러나 정부가 아무리 홍보하고 장려해도 회사의 인사 시스템을

아는 사람은 결코 휴직하지 않는다. 그랬다가는 승진이 늦어지기 때문이다. 그것도 휴직한 연수만큼만 늦어지는 게 아니다. 1년을 쉬면 3년에서 5년이 늦어진다. 여성 관리직이 나오기 어려운 이유도 여기에 있다. 연속으로 높은 평가를 받아야 승진할 수 있는 인사 시스템은 아이를 낳고 키우는 시간이 필요한 여성이 회사에서 꾸준히 일한 남성과 같은 선상에서 경쟁할 수 없게 만든다.

나는 인사 컨설턴트로서 평가의 연속성이나 휴직 기간의 유무를 승진 및 인사 평가 기준에서 제외해야 한다고 생각한다. 그래서 이를 실현하기 위해 노력하고 있다. 직무주의가 적용되면 아무리 공백기가 있어도, 근무 기간이 짧아도 그 일을 하기 위한 자질을 갖추고 있으며 성과를 낼 수만 있다면 문제가 되지 않기 때문이다. 그러나 안타깝게도 모든 회사가 그렇게 되지는 않을 것이다.

그렇다고 이를 개혁하지 않는 기업이 나쁘다는 뜻은 아니다. 근속 햇수를 승진 기준에서 제외한다고 가정해보자. 지금껏 손해를 본 우수한 여성이 활약할 기회는 늘어나겠지만, 대신 쉼 없이 성실하게 일한 사람들이 손해를 본다. 그 여성보다 우수하지는 않아도 꾸준히 근무한 남성 직원들과 그 외 여성 직원들이다. 현재는 그들이 상대적으로 이익을 보고 있는 셈인데, 그것 자체가 악(惡)은 아니다. 조직의 화합과 종신 고용을 중시하는 회사에서는 이 문제로 인사 개혁을 추진하지는 않을 것이다. 그 선택을 무조건 잘못이라 단정하기는 어렵다. 과거의 방법이 좋았다고 생각하는 사람 또한 많기 때문이다.

시대 변화에 따른
회사 밖 다양한 선택지에 주목하라

다행히 변화의 시대이기에 탄생하는 것이 있다. 바로 '외부 노동 시장'이다. 시장으로서는 아직 발전 단계이고, 이직자가 통계적으로 늘어나지도 않았다. 그러나 유료 직업 소개 사업이 확대되고 있고, 경력 사원 채용에 대응하기 위해 기업에서 인사 제도 정비도 진행되고 있다. 과거에는 연공서열에 따른 대우를 당연시했기 때문에 경력 채용자는 급여가 낮은 경향이 있었다. 그러나 지금은 경력 사원과 기존 사원의 대우에 큰 차이가 없다.

창업이라는 선택지도 폭이 넓어지고 있다. 회사법 개정으로 법인 설립의 문턱이 상당히 낮아짐에 따라 일단 법인을 세워놓기가 쉬워졌다. 또 개인 사업으로서의 청부 계약도 다양성이 증가하고 있다. 물론 일정 수준 이상 성공하는 건 창업 이상으로 어려운 일이지만, 2012년부터 2013년에 걸쳐 '노마드워커(Nomad Worker, 장소에 구애받지 않고 자유롭게 일하는 사람-옮긴이)'라는 단어가 유행했고, 프리랜서를 위한 셰어 오피스도 늘어나고 있다.

중요한 것은 그런 선택지가 적절한지를 따져보는 게 아니다. 선택지가 늘어났다는 사실 자체다. 그리고 그 선택지를 활용하기 위한 조건이 바로 인적자본이다. 누구나 언젠가는 반드시 회사를 떠나게 된다. 그때 의지할 수 있는 것은 각자가 보유한 인적자본뿐이다. 그리고 인적자본을 늘리기 위한 노력은 조직 안에 있을 때 더욱 효과적으로 가능하다.

이런 내용들을 잘 인지하면 당신 손으로 당신의 경력을 되찾을 수 있다. 경력을 자기 손으로 되찾는 일은 매우 적극적인 태도이자 즐거운 작업이다. 물론 그 일이 괴로워질 때도 있다. 제2, 제3의 경력을 생각하면 불안해지기도 할 것이다. 그럴 때 당신을 구원해줄 것을 찾자.

제2의 경력 출발에 앞서
안전망을 우선 확보하라

나는 인사 제도를 설계할 때 혹독한 제도일수록 안전망을 마련한다. 철저한 성과주의를 도입할 때는 기존 제도와 너무나 심하게 달라지기 때문에 유예 기간을 둘 때가 많다. 평가 제도는 바뀌지만 평가를 급여에 반영하는 시기를 1~2년 늦추고, 그 사이에 교육 연수를 확실히 하면서 불안에 대한 상담 창구를 마련한다. 고령층을 대상으로 구조조정을 실시할 수밖에 없을 때는 회사에 적을 둔 상태에서 이직할 수 있는 기간을 기존보다 길게 준다. 회사 사정에 따른 퇴직이 일반적이지 않던 시절에는 회사 사정으로 처리해 즉시 실업급여를 받을 수 있도록 조치했다.

이런 조치가 충분했다고는 할 수 없을지 모르지만, 그래도 아무런 조치도 취하지 않는 것보다는 나았다고 생각한다. 다른 회사에서는 과거 평가까지 소급 적용해 재평가하거나, 유예 기간도 없이 구조조정했다는 이야기를 들었기 때문이다.

당신도 제2의 경력 검토를 시작한다면 안전망을 먼저 확보하기 바란다. 가장 알기 쉽고 효과적인 안전망은 가족이다. 때로는 가족이 무거운 짐이 되기도 하지만, 그래도 가족을 안전망으로 삼을 수 있도록 대화해나가자. 옛 친구도 효과적인 안전망이다. 제5장에서 소개한 연봉에 관한 속설 속 친구와 달리, 사는 방식도 일하는 방식도 전혀 다른 옛 친구일수록 실의에 빠졌을 때 정신적으로 의지가 된다.

누군가와 연결되자. 약한 유대여도 상관없다. 경력과 관계 없을 것 같은 유대가 실은 더 좋다. 거듭 강조했듯 유대는 가치를 낳는다. 이것은 비즈니스에서든 인생에서든 마찬가지다.

인적자본,
아무리 강조해도
지나치지 않다

끝으로 이 책에서 사용한 주요 용어들을 보충 설명하고 마무리하겠다.

먼저 '인적자본'에 관해서다. 보통 '개개인에게 내새화된 시식·기술·능력 등 온갖 속성으로 개인적·사회적·경제적 행복을 증진하는 것'이라 정의되는데, 쉽게 말해 '생애 임금의 현재 가치'다. 그 현재 가치를 만들어낸 조건(학력이나 자격증 등)을 얻기 위해 들어간 금액에 입각한 개념이다. 요컨대 인적자본은 어떤 투자를 통해 증가한다는 것이다.

이 책에서는 이것의 구성 요소를 개인의 시점에서 정의했다. 학생으로서 받은 교육과 회사에서 받은 연수는 물론, 비즈니스맨으로서 경험한 다양한 직무도 포함해 정의했다. 그리고 이것의 금액적 가치가 아닌, 스토리로서의 설명성을 중시했다. 일반적으로 직무를 통한 경험은 현장 훈련(OJT)으로 뭉뚱그려 정리하는 경우가 많은데, 여기서는 직무별로 구분함으로써 그 경험을 통해 어떤 기술을 얻었는지, 그 기술들에 연속성이 있는지, 또 어떻게 활용할 수 있는지를 확인할 수 있도록 한 것이다.

또한 이 책에서는 '유대'를 인적자본에 포함했다. 강한 유대는 개인이 만들어내는 가치의 원천이고, 약한 유대는 그 가치를 넓히거나 혁신시키는 것으로 정의하고 설명했다.

그런데 본래 인적자본에는 유대와 같은 사회관계자본이 포함되지 않는다. 사회관계자본은 개인에게 속하는 것이 아니라 사회 구조 자체를 가리키기 때문이다. 개념적으로 볼 때 인적자본과 사회관계자본은 서로 독립적이다. 그럼에도 '개인이 만들어내는 가치의 원천'이라는 의미에서 공통점이 있기에 이 책에서 유대를 인적자본에 포함시켰다.

이 책에서 인적자본에 포함한 유대는 사회관계자본의 개념으로 말하면 '개인으로서의 사회적 신뢰에 바탕을 두며, 좋은 의미에서든 나쁜 의미에서든 서로에게 보답한다'는 '상보성 규범'의 전제 아래 구축된 '개인 간의 유대'만 가리킨다. 이렇게 정의한 이유는 관계성의 주체가 개인이고, 개인이야말로 관계성의 소유자가 될 수 있다고 생각하기 때문이다.

물론 SNS처럼 사회관계자본 그 자체라 할 수 있는 존재도 있다. 그러나 유대 안에 속한 사람에게 관계성을 활용한다는 의식이 없으면 가치는 만들어지지 않는다. 그것의 가치를 누리는 건 어디까지나 개인이다. 마치 닭이 먼저냐 달걀이 먼저냐는 문제처럼 보이지만, 이 책에서는 '가치를 누리는 것은 개인'이라는 관점에서 사회관계자본으로서의 유대를 인적자본에 포함해 정의한 것이다. 경제학에서의 본래 용법과는 다르지만 그렇게 이해해줬으면 한다.

S#8 storytelling

'출세'의 참의미를 깨달으니 모든 것이 순조롭다!

"다행히 양성이라더군. 나도 참 운이 좋다니까."

건강에 큰 문제가 없다는 진단을 받고 돌아온 기무라 부장은 예전과 다름없는 비대한 몸을 소파에 깊이 파묻은 채 말했다. 곤도와 가토는 부장실이 아니라 원래 미타 상무가 사용하던 임원실로 오라는 지시를 받았다. 현재 주인이 없는 상태라 응접실 대용으로 사용하고 있었는데, 실질적으로는 기무라 부장의 전용실이나 다름없었다.

"그래도 담배는 끊었어. 미국은 담배 피울 곳이 없더라고. 금연하고 싶으면 미국에서 살아야겠어."

유쾌한 목소리로 말하는 기무라 부장 앞에서 가토는 변함없이 노트북을 들여다보고 있었다. 곤도가 옆에서 슬쩍 화면을 보니 이메일을 확인하는 모양이었다. 하긴, 안 그래도 바쁜 시즌 말인데 한가한 부장을 계속 상대하고 있을 수도 없는 노릇이다. 이렇게 생각하고 있는데 기무라 부장이 몸을 앞으로 내밀며 말했다.

"그건 그렇고, 자네들을 이렇게 오라고 한 건 좋은 소식과 나쁜 소식이 있어서야. 어느 쪽부터 듣고 싶나?"

곤도는 자기도 모르게 기무라 부장의 얼굴을 마주봤다. 그런데 대답한 사람은 가토였다.

"나쁜 소식부터 듣죠."

기무라 부장이 웃으며 말했다.

"역시 자네다워. 그러면 나쁜 소식부터 말하지. 정말 안타깝지만 이번 시즌에 자네들 부장 승진 이야기는 없었던 게 됐네."

'그렇게 됐군.'

가토는 평온한 표정으로 기무라 부장을 바라봤다. 곤도도 놀랄 만큼 마음이 고요했다. 물론 실망스러운 마음이 전혀 없는 건 아니지만, 최근 반년 사이 곤도의 생각과 행동은 상당히 달라져 있었다.

되돌아보면 지금까지는 자신의 평가를 높이기 위해서만 행동해왔다. 그래서 주위가 보이지 않았고, 주위 사람들이 자신을 어떻게 생각하는지 깨닫지 못했다. 기무라 부장이 말했듯, 만약 예전의 자신이 부장이 됐다면 영업과장들 중 아무도 곤도의 말을 듣지 않았을 것이다. 거래처에 대해서도 마찬가지다. 사소한 안건까지 전부 직접 담당했고, 무리한 요구를 계속했다. 그 결과 곤도의 제1영업과가 실적을 올린 건 사실이지만, 매출이 증가한 만큼 클레임도 많았다.

하지만 지금은 모든 것이 순조롭다. 극단적으로 말하면 자기가 없어지더라도 부서가 아무 문제없이 돌아갈 것 같다는 생각이 들 정도다. 여기에는 가토의 도움도 있었다. 부장대우로서 가토는 철저히 조정자의 역할을 담당했다. 조직적으로 활동할 때 정보의 흐름을 바로잡고 잘못된 행동을 교정하며 한 사람 한 사람의 동기와 의욕을 높여나갔다.

그런 의미에서 생각하면 가토가 부장이 되지 못한 건 아쉬운 일이다. 가토는 전혀 신경 쓰지 않겠지만. 다행히 기무라 부장은 "이번 시즌에"라고 말했다. 그렇다면 다음 시즌이나 그다음 시즌에는 가토가 부장으로 승진할 것이다. 회사를 위해서도 그래야 한다. 지금은 가토 밑에서 일하는 것도 나쁘지 않다고 생각하게 됐다.

"뭐야, 두 사람 모두 전혀 놀라지 않는군. 그러면 이어서 좋은 소식을 알려주지. 이번에는 놀라줬으면 좋겠는데 말이야."

가토는 기무라 부장의 말을 들을 생각이 없다는 듯 노트북 자판을 두드리고 있었다. 어쩔 수 없이 이번에는 곤도가 입을 열었다.

"좋은 소식이 뭡니까?"

"가토 군은 4월부터 내 대신 미국으로 가게 됐네. 직함은 계속 부장대우지만 좋은 결과를 내고 돌아오면 부장 승진도 불가능한 꿈은 아니야. 그리고 곤도 군이 가토 군 대신 영업부 부장대우로 결정됐네."

곤도는 입을 벌린 채 아무 말도 하지 못했다. 전혀 예상 못 한 일이었다. 기무라 부장은 곤도의 이런 모습을 보며 크게 좋아했다.

"오호, 이번에는 많이 놀라는군. 좋았어, 좋았어. 그런데 가토 군은 놀랍지 않나?"

"……알고 있었습니다."

"뭐야, 알고 있었어?"

곤도는 자기도 모르게 가토의 얼굴을 바라봤다. 시선이 마주치자 가토가 살짝 웃었다. 여전히 굳어 있는 곤도의 어깨에 기무라 부장이 손을 얹었다.

"요즘 잘하고 있어. 나를 추월하기는 아직 무리겠지만 말이야."

비아냥거림인지 칭찬인지 알 수 없는 말이었지만, 곤도는 조용히 고개를 끄덕였다.

"넌 어떻게 알고 있었던 거야?"

임원실을 나오자마자 곤도는 가토에게 불만을 터트렸다. 어제 있었던 영업 회의에서도 그런 기색은 전혀 보이지 않았다. 그리고 아까 얼굴은 왜 마주보며 웃었던 것일까? 만약 그게 연기였다면 남우주연상 감이었다.

"사실은 알고 있었다 하기도 뭐하긴 한데……."

회의 때와는 달리 솔직한 말투였다. 곤도는 가토를 재촉했다.

"처음부터 그럴 예정으로 부장대우 승진한 거였어. 그 사실을 숨긴 건 미안해. 다만 '나쁜 소식'이라는 말을 들었을 때는 원래 약속했던 해외 전근이 취소된 줄 알았어."

가토의 말에 곤도는 움직임을 멈췄다. '처음부터 그럴 예정으로 부장대우 승진했다'는 말의 의미를 이해하기 위해 두뇌를 풀가동하느라 몸을 움직이는 걸 잊어버렸기 때문이다. 그래서 그 뒤의 이야기는 들리지도 않았다.

"응? 뭐? 뭐라고?"

"지금은 여기까지만. 있다가 이케다하고 시미즈 불러서 술이나 한잔하자. 네 승진 축하 겸, 내 해외 전근 축하 겸해서 말이야. 그때 자세히 설명해줄게."

어느새 단골이 되어버린 변두리 스낵바에 네 사람이 모였다. 시미즈는 여전히 말이 없었고, 이케다는 실없는 이야기만 계속해서 떠들어댔다.

'그러고 보니 이케다 승진 이야기는 회사에서 아직 안 나왔네. 속으로 기분 상해 있진 않을까?'

곤도는 조금 걱정이 됐지만, 이케다는 전혀 개의치 않는 듯했다.

"난 시스템장이라 말이지, 부장이 되는 것보다 소스 코드를 만지는 게 더 좋아."

"하지만 출세가 싫은 건 아니잖아?"

"내가 생각하는 출세는 네가 생각하는 출세하고 달라. 몇 년 뒤를 기대하라고."

이케다는 이렇게 말하며 싱긋 웃었다. 항상 농담처럼 말하는 녀석이 무언가 숨기려 하면 본심을 들여다보기가 어렵다.

'어쩔 수 없지. 몇 년 기다려주마.'

네 사람은 술잔을 부딪치며 건배했다.

"그건 그렇고, 반년 전 이야기 말인데……."

곤도가 이야기를 꺼내자 가토가 충격적인 속사정을 들려줬다. 반년 전에 있었던 인사 흑막의 주도자는 사실 기무라 부장이었다고 한다. 목적은 회사에 배신행위를 하고 있음이 분명함에도 꼬리가 잡히지 않는 미타 상무에 대한 증거를 모으는 것이었다.

"처음 사장하고 기무라 부장한테 불려갔을 때는 정말 깜짝 놀랐어. 스파이가 되라는 거였으니까 말이야. 원래는 너한테 맡길 계획이었는데, 당시의 너는 미타 상무가 팥으로 메주를 쑤라고 시켜도 그대로 따를 테니까 안 되겠다 싶었나 봐. 마침 지방에서 실적을 낸 나를 불러온 거지."

"반년 전의 곤도라면 오히려 적극적으로 가담했을걸?"

"시끄러워."

농담조로 말하는 이케다를 노려보긴 했지만 부정할 수는 없었다. 당시의 자신이라면 분명 그랬을 터였다.

"게다가 사장은 솔직히 너를 그리 좋게 보지 않았던 것 같아. 눈앞의 일에만 신경 쓰고, 윗사람한테는 설설 기면서 아랫사람한테는 모질게 대한다고 말이야. 체격만 큰 소인배로 봤던 모양이더라고."

"으……!"

반박할 수가 없었다. 이케다가 맞장구를 쳤지만, 이번에는 노려볼 생각도 못 하고 술잔만 비웠다.

"잠깐만. 그러면 기무라 부장의 병도……?"

"맞아. 거짓말이었어. 실제로는 미국에서 정상적으로 일을 했나 봐. M&A 이야기가 몇 건 들어왔다더라고. 그 사람, 보기에는 무능한 것 같지만 영어도 잘하고 협상력도 좋거든."

'그렇군.'

이렇게 속사정을 알고 나자 기무라 부장이 한 말의 의미가 와 닿았다. 임원 후보가 되어 미국 지사로 전근 간다는 말은 사실이었던 것이다. 진짜 목적이 M&A 준비 작업이라면 결과에 따라 출세의 조건도 될 것이다. "앞으로도 신세를 지게 되겠고 말이야."라든가 "내 작별 선물을 하나 하지. 아니, 기회라고도 할 수 있겠군."이라는 말도 진심이었다.

"구체적인 M&A 프로젝트에서는 기무라 부장의 뒤를 이어 내가 실행 부대를 맡게 될 거야. 어지간해서는 하기 어려운 경험이지. 다음에는 진짜 실력으로 너보다 빨리 출세할지도 몰라."

"웃기는 소리! 그렇게 쉽게는 안 될걸?"

정말 그럴지도 모르겠다고 생각하면서도 일부러 짓궂게 대답했다. 그런 곤도의 술잔에 누군가가 위스키를 찰랑찰랑하게 따라줬다. 옆을 보니 시미즈가 술병을 들고 있었다.

| 에필로그 |

새로운 선택과 다양성 위에서 더 큰 가치의 협주를 완성하자

 이 책에서 쓰고 싶었던 이야기의 본질은 '선택받는 규칙'이 바뀌는 타이밍이 있다는 것이다. 부림당하는 쪽에서 부리는 쪽으로의 변화가 가장 알기 쉽지만, 조직 안에서 살다가 자기가 만든 규칙 속에서 사는 처지로의 변화도 있다. 이것은 일반 직원에서 경영진이 되는 타이밍, 독립해서 창업하는 타이밍, 일과 사생활의 균형을 중시하는 삶을 선택하는 타이밍에서 가능하다.

 선택받는 규칙의 변화란 서로를 선택하는 처지가 된다는 뜻이기도 하다. 이는 경쟁에서 협주(協奏)로의 변화다. 경쟁 상대가 협주 상대가 되는 것이다. 물론 협주하기 걸맞은 상대인지를 평가받겠지만, 일방적으로 선택받는 처지는 아니게 된다. 협주 상대를 선택하거나,

협주 상대로서 선택받으려면 서로의 수준이 일정해야 하고, 그 수준에 이를 때까지 계속 선택받아야 한다. 그러려면 역시 경쟁의 규칙이 필요하다.

똑같은 일을 할 수 있는 사람끼리 모여 있어서는 협주가 되지 않는다. 무엇보다 '다를 것'이 요구된다. '다양성'이라는 게 적절한 표현이지만, 최근 인사의 세계에서 사용되는 다양성은 동질성을 전제로 한 말에 불과하다. 부리는 쪽이 부림당하는 쪽에게 베푸는 시혜의 개념이 지금의 다양성이다.

협주에는 동질이 아닐 것을 전제로 하는 다양성이 요구된다. 그리고 협주를 통해 가치가 생성된다. 이것은 인사의 세계뿐 아니라 모든 사람의 관계에 적용되는 보편적 사실이 아닐까? 연결되지 않았던 사람들이 연결되면서 가치가 만들어지는 것이므로.

여담이지만, 기업의 인사 평가 제도를 설계하거나 교육 연수를 실시하는 내 회사의 이름은 '셀렉션앤베리에이션'이다. '선택(selection)'과 '다양성(variation)'이라는 의미다. 기업의 더 큰 가치는 새로운 선택과 다양성 위에서 탄생한다. 경영진과 직원 개개인이 활약하며 많은 사람과 서로 연결되는 가운데 만들어진다.

협주를 완성해내는 당신의 모습도 그곳에 있을 것이다.

데이터 다운로드 안내

이 책에서 소개한 '인적자본 재고조사표'는 ㈜셀렉션앤베리에이션 홈페이지에서 한글 버전으로 무료 다운로드할 수 있습니다. 파일 형식은 'xlsx'입니다.

홈페이지 www.sele-vari.co.jp/en
다운로드 www.sele-vari.co.jp/download/kr
패스워드 humancapital

지은이 **히라야스 요시히로**(平康慶浩)

인사 컨설턴트. 1969년 오사카에서 태어났다. 와세다대학 대학원 파이낸스연구과에서 MBA를 취득하고, 액센추어와 일본종합연구소를 거쳐 2012년 ㈜셀렉션앤베리에이션(Selection and Variation Co., Ltd.) 대표이사로 취임했다. 대기업부터 중소기업에 이르기까지 130개 이상의 회사에서 인사 평가 제도를 개혁했으며, 오사카시 인사 부문 특별고문을 맡고 있다. 저서로는 《일주일 만에 만드는 새로운 인사고과》, 《실수로 평생 연봉 300만 엔인 회사에 들어가버린 당신에게》가 있다.

옮긴이 **김정환**

일본외국어전문학교 일한통번역과를 수료했고, 현재 번역 에이전시 엔터스코리아에서 출판기획자 및 일본어 전문 번역가로 활동 중이다. 주요 역서로는 《원하는 대화를 하고 싶다면 변호사처럼 반론하라》, 《하버드의 생각수업》, 《화내지 않는 43가지 습관》, 《인생에서 중요한 건 모두 맥도날드 아르바이트에서 배웠다》, 《스펙이라는 거짓말》, 《손정의 선택》, 《60분 공부법》, 《ONE PAGE 정리 기술》, 《청춘 명언》, 《55가지 프레임워크로 배우는 아이디어 창조 기술》, 《스티브 잡스의 수퍼 업무력》, 《위너스 매뉴얼 52》, 《회사가 원하는 1등 인재》, 《얼라이언스 : 나보다 남을 키워라》, 《비즈니스 약국》 등이 있다.